KB140844

SPARKNOTES™

공리주의

Utilitarianism

존 스튜어트 밀

다락원 | Spark Publishing

SPARKNOTES™ 021

공리주의

펴낸이 정규도
펴낸곳 (주)다락원

초판 1쇄 인쇄 2009년 8월 21일
초판 1쇄 발행 2009년 8월 28일

책임편집 안창열
디자인 정현석
번역 마도경
표지삽화 손창복

🦌다락원 경기도 파주시 교하읍 문발리 509-1
내용문의: (031)955-7272(내선 400)
구입문의: (02)736-2031(내선 112~114)
Fax: (02)732-2037
출판등록 1977년 9월 16일 제300-1977-23호

Copyright © 2009, 다락원

출판사의 허락 없이 이 책의 일부 또는 전부를
무단 복제 · 전재 · 발췌할 수 없습니다.
잘못된 책은 바꿔 드립니다.

값 7,000원

ISBN 978-89-5995-186-4 43740

http://www.darakwon.co.kr
일이관지(一以貫之) 논술팀이 제시한 실전 연습문제 답안작성
논술가이드는 www.darakwon.co.kr에서 무료 제공합니다.

세계의 교양을 읽는다

고전을 왜 읽는가?

인간의 삶과 세상에 대한 영원한 물음이 있기 때문이다. 시대와 사상을 뛰어넘어 지금 여기 우리에게 필요한 물음이 없는 고전은 더 이상 고전이 아니다. 인간과 삶에 대한 근원적인 물음 없이 고전을 읽는다면 자신과 인간에 대한 성찰과 지혜로 이어지지 않는다. 논술 시험때문에, 과제물 때문에, 아니면 남들이 읽으니까, 나도 읽는다는 식이라면 그 책은 죽은 책일 수밖에 없다.

고전을 살아 있는 책으로 만드는 이 '물음!'에 답하기 위해서는 좋은 길잡이가 필요하다. 오랜 기간 동안 미국의 고교생과 대학 주니어들이 시험, 에세이 작성, 심층토론 준비를 위해 바이블처럼 애용해온 'SPARKNOTES'와 'CliffsNotes'는 바로 그런 좋은 길잡이의 표본이다. 이 두 시리즈가 원조 논술연구모임인 '일이관지(一以貫之)' 팀의 촌철살인적 해설을 곁들여 논술로 고민중인 대한민국 학생 여러분을 찾아간다.

SPARKNOTES와 CliffsNotes의 가장 큰 장점은 방대하고 난해한 고전을 Chapter별로 요약하고 분석해서 원전의 내용에 보다 쉽고 체계적으로 접근하는 신속·간편성이라고 할 수 있다. 여기에 '一以貫之' 팀이 원전의 중요한 문제의식, 즉 근원적 '물음'은 무엇이며, 그 '물음'은 오늘날에도 여전히 유효한가, 라는 질문을 다시 던진다.

대입논술로 고민하고, 자칭 타칭의 고전이 넘쳐나는 오늘의 독서풍토에서 지적 정복이 긴박한 대한민국 학생들에게 감히 이 시리즈를 자신있게 권한다.

一以貫之 논술연구모임 연구실장 이호곤

차례

이 책의 구성

SPARKNOTES와 CliffsNotes는 방대하고 난해한 원작을 보다 쉽게 이해할 수 있도록 돕는 안내서입니다. 여기에는 원작 이해를 돕기 위해 매 장마다 '요점 정리(또는 줄거리)'와 '풀어보기'가 실려 있습니다. '요점 정리(또는 줄거리)'에는 원저의 내용을 일목요연하게 정리해 놓아 저자가 전달하려는 내용을 어렵지 않게 파악할 수 있습니다. '풀어보기'에서는 철학서의 경우, 원저에 담긴 저자의 사상이나 관련 철학, 시대 상황, 논점 등을, 문학 작품인 경우에는 원작에 담긴 문학적 경향, 등장인물의 심리상태, 주제 등을 설명해 놓았습니다. 분석적이고 비판적인 글읽기의 바탕이 되는 요소들이죠. 비소설이나 소설을 막론하고 분석적이고 비판적인 글읽기는 독자에게 꼭 필요한 자질입니다.

그밖에도 원저를 좀더 깊이 복습해서 제대로 소화할 수 있도록 돕기 위해 'Study Questions'와 'Review Quiz' 등을 마련해 놓았습니다.

* 〈　〉는 철학서, 장편소설, 중편소설, 수필집, 시집. "　"는 단편소설, 논문
* 작품명은 독자의 이해를 돕기 위해 예외적인 경우를 제외하고는 영어식으로 표기함.

○ 일이관지(一以貫之) 논술노트

권말에는 일이관지 논술팀에서 작성한 논술노트가 실려 있습니다. 원저를 우리의 삶과 연계시켜 비판적 사고와 논리적 글쓰기의 방향을 제시합니다.

○ 실전 연습문제

논술예제와 기출문제를 통해서는 원작을 바탕으로 출제 가능성이 높은 논점을 함께 숙고해 봅니다.

간추린 명저 노트

영국의 철학자이자 경제학자인 존 스튜어트 밀 John Stuart Mill(1806-73)은 1861년에 그의 가장 유명한 저술 가운데 하나인 〈공리주의〉를 썼다. 고전 철학에 바탕을 둔 공리주의는 18세기와 19세기에 데이비드 흄*을 거쳐 제레미 벤덤**에 의해 체계를 갖추면서 자리가 잡힌 유명한 철학 이론으로 도덕의 목적은 최대 다수의 최대 행복을 낳는 '최선의 상태'를 만드는 것이라고 주장한다. 공리주의는 현대 철학에서도 중요한 이론으로 간주되고 있다.

공리주의의 배경을 이해하려면 반드시 밀의 일대기를 알아야 한다. 밀은 아버지 제임스 밀의 가르침을 받아 엄격한 공리주의자로 성장했다. 그리고 아버지가 어울렸던 유명한 학자들은 그대로 밀의 스승이 되었으며, 아버지와 함께 공리주의 철학의 기초를 세운 벤덤 역시 밀의 지적 성장에 커다란 영향을 주었다. 어린 시절에 엄격하고 지적인 생

---

* **데이비드 흄**(David Hume, 1711-76): 영국 철학자, 경제학자, 역사가. 회의주의자로 분류되지만, 인간의 인식 능력 밖에 있는 대상에 대해서만 회의주의적 태도를 취했다. 존 로크, 조지 버클리 같은 경험주의자들로부터 커다란 영향을 받았으며, 토머스 홉스의 계약설을 비판하고 공리주의를 지향했다. 주요 저서는 〈인성론〉 등.

** **제레미 벤덤**(Jeremy Bentham, 1748-1832): 영국 정치학자, 철학자. "최대 다수의 최대 행복"으로 집약되는 공리주의의 창시자. 주요 저서는 〈도덕과 입법의 원리〉 등.

활을 했던 밀은 스물한 살 때 자신의 신념에 부분적으로 의심을 품기 시작하면서 신경쇠약으로 고생했고, 그 후 공리주의가 지나치게 냉정한 이론이라는 생각, 즉 이 이론이 '보다 고차원적인' 쾌락을 수용하거나 이해하지 못했다는 생각과 씨름했다. 따라서 우리는 밀의 저서들을 공리주의와 (벤덤의 이론과 일치하지 않는) 복잡성을 조화시키려는 고뇌의 산물로 이해해야 한다. 그러나 밀은 도덕 이론으로서 공리주의를 배격한 적이 한 번도 없었고, 벤덤이 내세운 쾌락 충족의 이론적 틀을 자신의 글에 지속적으로 차용했다. 그리고 말년에 저술한 〈공리주의〉는 더욱 복잡한 형태의 공리주의를 옹호하고 있지만, 여전히 벤덤과 아버지가 내세웠던 기본 명제를 포용하고 있다.

　〈공리주의〉는 공리주의라는 가치를 도덕 이론으로 제시하고 그것에 대한 오해에 반론을 제기하기 위해 쓴 논문이다. 밀은 공리주의를 "인간의 행위는 행복을 증진시키는 것은 옳고, 행복의 반대를 초래하는 것은 옳지 않다"는 원리에 근거를 둔 이론이라고 주장하고, "행복이란 쾌락, 그리고 고통이 없는 것을 뜻한다"고 규정한다. 인간의 삶에서 그 자체로 즐거움 또는 쾌락을 주거나 고통을 피하게 해주는 수단이 아니라면 그 무엇도 좋은 것이라고 할 수 없다. 쾌락은 질과 양이 다를 수 있는데, 인간의 고차원적 능력에 뿌리를 두고 있는 쾌락을 저급한 동물적 쾌락보다 더 중하게 여겨야 하고, 나아가 덕스러운 삶 같은 목표나 목적의 성취는 행복의 일부로 간주되어야 한다.

　공리주의는 인간의 사회적 성격에서 기인하는 '자연스런' 감정 상태와 조화를 이루는 개념이다. 따라서 사회가 공리주의를 하나의 윤리 원칙으로 받아들인다면, 사람들은 자연스레 이 기준들을 도덕적 구속으로 내면화할 것이다. 행동의 도덕성을 판단하는 유일한 기준은 행복이며, 사람들은 행복 이외에 아무것도 추구하지 않는다. 밀은 그 밖의 모든 인간적 욕망의 대상은 행복을 추구하는 데 필요한 수단이거나 행복의 정의(定義) 속에 포함된다는 사실을 증명함으로써 그 주장을 뒷받침하고, 정의(正義)의 감정은 실제로 효용에 바탕 두고 있으며, 인간의 권리는 오로지 행복에 필요하기 때문에 존재한다고 상세히 설명한다.

공리주의 이론은 그동안 여러 가지 이유로 비판을 받아왔다. 공리주의는 개인적인 권리를 적절하게 보호하지 못하고, 세상만사를 동일한 기준으로 평가할 수는 없으며, 행복은 이 이론이 검토하는 내용보다 훨씬 복잡하다는 것. 따라서 이 책에는 이런 비판을 반박하기 위해 좀더 복잡하고 미묘한 맛을 가미한 도덕 이론을 제시하려는 의도가 잘 담겨 있다.

이 책은 다섯 개 장으로 구성되어 있다. 1장은 입문서 역할을 하고, 2장은 공리주의의 정의(定義)에 대해 논하면서 이 이론에 대한 일부 오해들을 소개하고 반박하며, 3장은 공리주의가 가할 수 있는 궁극적인 제재(또는 보상)에 대해 논하고, 4장은 공리주의의 이론적 타당성을 입증하는 방법론으로 구성되어 있다. 마지막 5장은 정의(正義)와 효용의 관계를 서술하면서, 효용에 바탕을 둔 정의가 모든 도덕성의 주요 부분이 되고 그 어느 것보다 더 신성하고 구속력이 강하다고 주장한다.

Chapter별
정리
노트

Chapter 1
머리말

밀은 우리 삶에서 무엇이 옳고 그른지를 판단하는 기준을 둘러싼 철학적 논의가 오랜 동안 전개되어 왔지만 별다른 진척이 없었다는 견해를 밝힌다. 2,000년 이상 소크라테스를 비롯한 최고 지성들이 우리 삶에서 가장 중요한 주제인 도덕성의 기초에 관한 의문을 밝히기 위해 노력했으나 만족스러운 합의에 이르지 못했다는 것. 과학에서는 어떤 기초나 근본 원리에 대해 합의점을 찾지 못하는 경우가 흔하지만, 특정 진리는 우리가 그 근저에 깔려 있는 원리(제 1원리)를 이해하지 못해도 여전히 의미를 가질 수 있다. 그 진리의 세부 이론이 그 분야의 소위 제1원리에서 연역되는 것이 아니고, 그 타당성을 입증하기 위해 제1원리에 의존하는 것도 아니기 때문이다. 그러나 법이나 윤리 같은 분야에서는 어떤 견해가 보편적으로 용인되는 이론에 근거를 두고 있지 않으면 정당성을 거의 인정받지 못한다. 이런 분야에서는 모든 행동이 특별한 목적을 이루기 위해 존재하므로 행동 규칙들은 추구하는 목적에 따라 특성과 색깔이 규정될 수밖에 없다. 따라서 밀은 도덕이 지시하는 내용을 알려면 인간의 행동을 판단하는 그 기준을 반드시 알아야 한다고 주장한다.

밀은 나아가 도덕적 본능의 문제, 그리고 그 본능의 존재가 도덕성의 기본 원리를 파악해야 할 필요성을 없애주는지에 대해 검토하고는 그렇지 않다고 주장한다. 우선, 도덕적 본능 자체가 논란의 대상이 되며, 둘째는 그러한 본능이 존재하더라도 특정한 경우에 어떤 행동의 옳고 그름을 구분해 주리라고 기대할 수는 없고 도덕적 판단에 관한 일반 원리를 제공할 뿐이기 때문이다. 따라서 일반 원리들이 도덕적 사고에는 필수적인 요소일지라도 도덕성 자체는 직접 지각되는 것이 아니라 한 법칙을 각각의 사안에 적용함으로써 결정되는 것이다. 그러나 일반적으로 사람들은 도덕성의 근거인 일반 법칙, 즉 '선험적' 원리를 규명하는 작업을 시도하거나 다양한 원리를 하나의 제1원리(기본 원리)로 압축하려는 노력은 기울이지 않은 채, 보통의 도덕적 교훈이 '선험적' 권위를 지닌 것으로 간주하거나 받아들이기 어려운 어떤 제1원리들을 독단적으로 제시하기 때문에 널리 대중의 지지를 얻지 못한다. 따라서 많은 이전 사상가들이 내세운 도덕성 주장은 근거가 없다.

그러나 우리의 도덕적 신념은 궁극적 기준에 대한 뚜렷한 인식이 없기 때문에 역사가 흘러도 거의 수정되지 않았다. 그 신념이 어느 정도 일관성을 유지하면서 쉽게 흔들리지 않는 입지를 구축했다는 것은 아직 널리 인정되고 있지는 않지만 견고한 기본 원리로 작용하는 '어떤' 기준의 암묵적 영향 덕분이었다. 밀은 아직 인정되지 않은 이 기준이 효용의 원리, 즉 '최대 행복의 원리'라고 주장하고, 이 원리는 도덕 이론을 정립하는 데 매우 커다란 역할을 했고, 심지어 임마누엘 칸트처럼 공리주의에 대해 가장 비판적인 태도를 취하는 사람들의 도덕 이론에도 엄청난 영향을 미쳤다고 지적한다.

밀은 이 책에서는 공리주의를 소개하고 평가하며, 공리주의가 하나의 도덕 이론임을 입증하는 일에 집중하겠다고 말하고, 공리주의는 그 용어가 지칭하는 통상적인 의미로는 '아무것도 입증할 수 없다'고 주장한다. 삶의 궁극적인 목적에 관한 문제들은 직접적으로 증명될 수 없기 때문이다. 어떤 것이든 좋다는 것이 입증되려면, 달리 입증하지 않더라도 그 자체로 좋은 것이라고 받아들여지는 무엇인가를 얻는 데 도움이 되어야 한다. 그렇다고 해서 각자가 제1원리들을 임의로 판단해야 한다는 의미는 아니다. 우리는 여전히 제1원리들을 이성적으로 판단할 수 있는데, 이것이 입증과 같은 역할을 한다고 볼 수 있다. 이 논문은 공리주의의 이론적 정당성을 뒷받침하는 다양한 논거들을 제시하고 검토하며, 아울러 공리주의에 대한 많은 반대론이 오해에서 기인하기 때문에 공리주의의 실체를 확실하게 설명한 뒤에 공리주의를 둘러싼 철학적 논의를 전개한다.

· 풀어보기

밀이 자기 논거를 펼칠 무대를 마련하고 있는 서론 부분을 보면 그의 논거 전개방식을 알아차리는 데 도움이 된다. 그는 도덕적 기준을 둘러싼 철학적 논의에서 관찰한 어떤 위기의 징후를 설명함으로써 논지를 펼치고 있다. 말인즉슨, 기본적으로 사람들은 아직까지 '옳고 그른 것'을 판단하는 기준들에 대해 아무런 합의에도 도달하지 못했다는 것. 도덕성이 정당성이나 중요성을 지니려면 그런 근거를 수립하는 것이 필수적이다. 어떤 행동이 궁극적으로 '선한' 목적을 추구하는지 그렇지 않은지에 의해 평가된다면, 먼저 '어떤' 목적이 선한지를 알아야 한다. 그런데 이런 문제를 둘러싸고 다툼이 벌어지는 경우도 있으나 단순히 학문적인 논의로 해결되는 것이 아니다. 도덕이나 입법 활동 같은 실천적인 분야에서는 행동 규칙도 추구하는 목적에 따라 그 내용이 달라질 수 있기 때문이다. 밀은 먼저 그 잠재적인 해결책으로 공리주의를 소개하고 있으며, 그 과정에서 공리주의가 하나의 도덕성에 관한 기준으로서 이미 암묵적으로 인정받았고 하나의 '제1원리'로 삼을 만한 자격 요건을 충분히 갖추고 있다고 주장한다.

여기서 밀이 도덕성의 목적을 특별한 상태의 세계에 이르는 것으로 규정하고 있다는 점은 대단히 중요하다. 이것은 도덕성을 이해하게 해주는 뼈대이고, 밀은 그것을 하나의 본질적인 틀로서 규정하고 있다. 이처럼 결과에 근거해서 도덕성을 이해하는 것이 설득력이 있는지 없는지에 대해서는 숙고해 보는 것이 중요하다. 한 예로 거짓말처럼 비도덕적인 행위로 간주되는 행동에 대해 생각해 보고, 이어서 한 번의 거짓말이 다섯 사람이 거짓말해야 할 상황을 막아주었다고 가정해 보자. 이 경우에 첫 번째 거짓말은 도덕적으로 정당화될 수 있을까? 답은 부분적으로 우리가 도덕의 본질적 기능이 이 세상의 일반적인 상태를 '최상'으로 만드는 것이라고 생각하는가, 아니면 보편적인 결과와는 무관하게 개인의 행동을 지배하는 것이라고 생각하는가에 따라 달라진다. 만약 우리가 도덕의 핵심 기능이 세상의 상태를 총체적으로 개선시키는 것이라고 생각하고 거짓말이 나쁘다는 사실을 진리로 받아들인다면, 거짓말의 총량이 적을수록 세상은 더 좋아지기 때문에 나중에 다섯 번의 거짓말을 예방하는 효과를 가져 올 수 있다면 첫 번째 거짓말을 해야 한다. 그러나 일부의 도덕성 이론에서는 전체 세상을 최선의 상태로 만드는 것은 도덕성의 관심사가 아니라고 주장할 수도 있다. 예컨대, 도덕성이란 개인으로서의 한 사람의 행위에 가장 강력하게 영향을 주는 요소라고 주장할 수도 있다. 즉, 한 개인으로서의 인간은 어떠한 경우에도 결코 거짓말을 해서는 안 된다. 거짓말은 자신을 도덕적으로 더럽히는 행위이기 때문이다. 이런 주장에는 변종들도 많은데, 도덕성에 관한 밀의 견해가 이 문제를 검토하는 유일한 방법이다.

밀은 이 책에서 '제1원리'와 도덕성의 기본 원리라는 개념을 사용하고 있다. 이 개념을 통해 인간의 행동을 단순히 '선하거나 악하다'고 특징짓는 것만으로는 불충분하고, 이런 행동에는 그것에 도덕적 성격을 부여하는 무엇, 그리고 '선한 또는 악한' 같은 말이 애초에 그런 의미를 풍기게 된 어떤 이유가 분명히 있다고 주장한다. 밀의 철학이 시작되는 지점은 바로 아직까지도 도덕성의 핵심 원칙이 무엇인지, 그리고 그것이 왜 그토록 중요한지에 대한 합의를 이끌어내지 못하고 있는 인간 문명을 향한 당혹감이다. 그는 이 책이 그러한 근본 원리를 확실히 밝히고—즉 그것이 효용의 개념이라고 확인하고—나아가 이 도덕적 근본 원리가 인간으로서의 우리들의 존재에 왜 그토록 특별하고 핵심적인 요소인지를 예증하는 시도가 될 것이라고 설명하고 있다.

Chapter 2
공리주의란 무엇인가(1)

밀은 이 장에서 공리주의에 관한 오해를 소개한 뒤 반박을 시도하고 있으며 그 과정에서 자신의 이론을 개략적으로 서술한다. 많은 사람들이 효용을 쾌락과 상반되는 개념으로 해석함으로써 공리주의를 오해하고 있으나 실제로는 쾌락 자체, 그리고 고통이 없는 상태로 해석된다는 것. 따라서 효용의 또 다른 이름은 '최대 행복의 원칙'이다. 이 원칙은 "인간의 행동은 행복을 증진시킬수록 옳고, 행복과 반대되는 것을 초래할수록 옳지 못하다. 행복이란 쾌락, 그리고 고통이 없는 것이고, 불행은 고통과 쾌락의 결여를 뜻한다"고 주장한다. 이 설명에 의하면, 고통으로부터의 자유와 쾌락은 목적으로서 바람직한 유일한 것이며, 본질적으로 '좋은' 유일한 것이다. 따라서 어떤 환경, 사건 또는 경험도 그러한 쾌락을 낳는 원천일 경우에만 바람직한 것으로 간주된다. 즉 어떤 행동이든 일반적 행복의 수준을 높여주면 좋은 것이고, 그 수준을 저하시키면 나쁜 것이다.

이어서 밀은 삶의 의미를 쾌락으로 축소하면 인간을 천박한 존재로 만들고 품위를 떨어뜨린다는 비판을 반박한다. 인간의 쾌락은 동물적인 쾌락보다 훨씬 고차원적인 개념이다. 다시 말해, 동물과는 비교도 할 수 없을 만큼 뛰어난 능력을 보유한 인간은 일단 그러한 지적 능력에 대해 인식하게 되면 그 능력을 갈고 닦지 않고도 얻는 것은 행복으로 간주하지 않는다. 따라서 행복이란 인간이 고차원적인 지적 능력을 발휘하고 있다는 징표다. 물론 '저급한' 쾌락이 있는 것도 사실이지만, 그렇다고 모든 쾌락이 저급하다는 뜻은 아니고 어떤 쾌락은 다른 쾌락보다 본질적으로 더 바람직하고 가치가 있다는 것이다. 따라서 어떤 행동을 놓고 도덕적인 판단을 내릴 때 공리주의는 그 행동이 초래하는 쾌락의 양뿐만 아니라 질도 고려한다.

밀은 고급 쾌락과 저급 쾌락을 구분하는 방법에 대해서도 설명하고 있다. 만약 어떤 쾌락을 선택할 때 엄청난 불만족이 수반되더라도 다른 쾌락보다 우선시하고 쾌락의 양이 적더라도 다른 쾌락과 맞바꾸려 하지 않는다면 질적으로 우월한 쾌락이다. 그리고 사람들이 모든 종류의 쾌락에 똑같이 접근할 수 있는 상황이 되면, 자신의 '고등한' 능력에 부합하는 쾌락을 선호하리란 점은 '의심의 여지가 없는 사실'이다. 동물이 누리는 쾌락을 마음껏 즐기게 해준다고 해도 동물이 되겠다는 사람은 없을 것이며, 교양 있는 사람이 무식한 사람이 되려고 하지는 않을 것이다. 그리고 능력이 월등한 사람일수록 보통사람보다 더 많은 고통을 겪더라도(따라서 "모르는 게 약," "무식이 상팔자"라는 속담도 있음), 품위를 유지하기 위해 저급한 존재로 전락하는 길은 결코 선택하지 않을 것이다.

공리주의에 대한 또 다른 오해는 행복과 만족을 혼동하는 데서 나온다. 흔히 지적 능력이 우월한 사람들은 열등한 사람보다 세상의 한계를 잘 알기 때문에 덜 만족스러울 수밖에 없다. 그렇다고 해도 그들이 느끼는 쾌락은 동물이나 저급한 인간이 느끼는 쾌락보다는 훨씬 고차원적이다. "만족해하는 돼지보다 불만족스러워하는 인간이 되는 것이 낫다. 만족해하는 바보보다 불만스러워하는 소크라테스가 낫다. 그리고 바보나 돼지가 다른 생각을 갖고 있다면, 그것은 그들이 자기가 속한 쪽의 문제만 알고 있기 때문이다." 따라서 쾌락의 질을 판단할 수 있는 최적격자를 꼽는다면 비교 대상인 높은 차원의 쾌락과 저급한 쾌락을 모두 경험해 본 사람이다.

더구나 '고상한 인격'의 소유자가 그 같은 성격으로 인해 언제나 더 행복하게 사는 것은 아니지만 다른 사람들을 더 행복하게 만들고, 나아가 전체적으로 이 세상에는 큰 도움이 된다. 따라서 최대 행복의 원칙은 행복의 총량을 고려

하기 때문에 고상한 인격이 그 개인에게는 덜 바람직스러울지 몰라도 공리주의의 기준에서는 여전히 바람직하다.

2장은 공리주의에 대해 정의를 내리고 있다. 그런데 이 정의에는 몇 가지 중요한 측면이 있다. 우선, 공리주의의 정의는 효용성, 즉 고통이 없는 것과 쾌락을 사람들이 갈망하는 모든 것의 근본적인 가치이자 도덕성의 기본 원리라고 설명한다. 그러나 공리주의자들은 단순히 스스로를 개인적으로 행복하게 만드는 것을 좇는 행위는 도덕적이지 않다고 말한다. 도덕성은 최대 행복의 원리에 의해 규정되고, 도덕적 행동은 이 세상에서 효용성의 총량을 증대시킨다. 사회적 행복을 희생시켜 개인의 행복만 추구하는 행위는 이 이론적 틀에 의하면 도덕적인 행위로 간주되지 않는다.

그러나 이 부분에서 가장 중요한 점은 고급 쾌락과 저급 쾌락에 대한 밀의 논지다. 오랜 세월 동안 공리주의 비판자들은 흔히 공리주의가 본래 같은 기준으로 비교할 수 없는 여러 대상을 놓고 그것들이 낳는 효용의 양을 인위적인 계산을 통해 비교했다며 반론을 펼쳤다. 예컨대, 공리주의는 어떤 경험이나 행동의 가치를 그 안에 내재된 효용성, 즉 쾌락으로 격하시켜 그런 경험들을 '값싸게 만드는' 오류를 범한다는 것이다. 과자를 먹는 쾌락과 〈전쟁과 평화〉를 읽으면서 얻는 쾌락을 각 행동이 낳는 쾌락을 근거로 비교하는 방식이 과연 공정한가? 2장에서 밀은 이런 우려의 목소리를 바로잡아 주려고 노력한다. 효용성은 단지 쾌락에 대한 심리적인 느낌을 측정하는 것이 아니다. 쾌락마다 상이한 질적 차이가 있고, 경험이 풍부한 사람이라야 그 쾌락의 질을 판단할 수 있다. 따라서 모든 행동과 경험은 축소된 하나의 기준보다는 경험의 형태에 상응하는 쾌락의 다양하고 상이한 질에 따라 평가된다. 고차원적인 쾌락은 공리주의에서도 중시될 것이며, 따라서 그런 쾌락은 효용성의 잣대에 의해서도 값이 떨어지지 않는다.

여기서는 밀이 같은 기준으로 비교할 수 없는 쾌락에 대한 비판을 제대로 반박했는지 검토해야 한다. 밀의 설명에는 오류가 없는가? 우리는 일부 쾌락을 다른 쾌락보다 '우월하게' 만드는 것이 무엇인지 여전히 의문스러울 수 있다. 우리가 어떤 쾌락을 놓고 '고차원적'이라고 말하면 그 진의는 무엇인가? 더 교육적이란 뜻인가? 고상한 취향을 가진 사람들만 음미하기 때문에? 지성인들만 즐기기 때문에? 이 이론에서는 효용성이 기본적인 평가 기준이 되어야겠지만, 아마도 고급 쾌락과 저급 쾌락의 존재를 인정한다는 것은 단순한 쾌락 이외에 다른 평가 기준을 허용하는 듯하다. 밀은 이런 반대론에 어떻게 대응할 수 있을까?

공리주의란 무엇인가(2)

밀은 앞부분에서 공리주의가 인간의 천박한 쾌락을 지나치게 미화한다는 반대론을 논박한 뒤, 나머지 부분에서는 공리주의에 대한 기타 비판론을 소개하고 논박한다.

그 반대론 가운데 하나는 행복은 얻을 수 없기 때문에 우리 삶과 행동의 합리적인 목적이 될 수 없다는 것이다. 더구나 인간은 행복하지 않아도 잘 살 수 있고, 이 사실을 알고 있는 고매한 인격의 소유자들은 사사로운 행복을 포기함으로써 고매해졌다는 것이다.

우선, 밀은 인간이 행복하게 살 수 없다는 말은 과장된 것이라고 반박한다. 만약 행복을 고도의 쾌감을 주는 흥분 상태의 지속—열정적인 기쁨으로 가득한 삶—이라고 규정한다면, 그런 의미의 행복은 당연히 불가능하다. 그러나 고통은 거의 없고 쾌락은 다양하게 많은 순간을 행복이라고 규정한다면, 수많은 사람들이 살아가면서 상당 기간에 걸쳐 행복이란 것을 맛본다고 할 수 있다. 따라서 잘못된 교육과 사회제도만 바뀐다면 거의 모든 사람이 이만한 수준의 행복은 얻을 수 있다. 불행을 초래하는 가장 큰 원인은 이기심과 정신 교양의 부족이다. 그러므로 우리가 교육을 통해 웬만한 수준의 도덕적·지적 소양을 갖춘다면, 거의 누구나 행복한 삶을 영위할 수 있다. 더욱이 우리가 살아가면서 겪게 되는 가난과 질병 같은 대부분의 불행은 사회적 지혜가 발휘되고 과학이 발전하면 얼마든지 예방하거나 해소할 수 있다.

이어 밀은 역사상 고매한 덕망으로 추앙받는 인물들은 대부분 사사로운 행복을 포기했다는 논거를 제시하고 사실이라고 인정한다. 그리고 자신의 행복을 포기하는 순교자들은 자기 개인의 행복보다 더 소중하다고 여겨지는 그 무엇을 위해 자발적으로 그 일을 해야 하는데, 그 무엇은 바로 타인들의 행복이다. 이런 희생 덕분에 다른 사람들은 비슷한 일을 겪지 않아도 된다. 희생에는 다른 사람들의 행복이란 가치가 내재되어 있으며, 그것을 증진시키기 위해 기꺼이 자신을 희생한다는 것은 인간 사회에서 발견할 수 있는 최고의 미덕이다. 더 나아가 자신의 행복을 염두에 두지 않고 의식적으로 희생을 감수하는 사람들로 인해 행복이 실현될 수 있는 것이다. 그런 의식을 가지고 있으면 실제로 행복을 얻을 가망성이 가장 높아진다. 인생을 살아가면서 나쁜 것에 대해 지나치게 걱정하지 않고 희망을 갖는 것은 물론, 만족이 얼마나 지속될지 조바심하지도 않으면서 평온한 마음을 유지할 수 있기 때문이다. 그러나 공리주의자들도 인간이 다른 사람을 위해 자신을 희생하는 정신은 가치가 있다고 인정하면서도 희생 그 자체로 가치가 있는 것은 아니라고 생각한다. 행복의 총량을 증대시키지 않거나 그럴 경향이 없는 희생은 낭비에 불과하다는 것이다.

밀은 공리주의자들이 사람의 행동을 판단하는 기준은 그 행위자의 행복뿐만 아니라 관련되는 '모든' 사람의 행복이란 점을 강조한다. 따라서 누구든 자신의 행복을 다른 사람의 행복보다 높이 평가해서는 안 된다. 그리고 모든 개인의 행복 또는 이익이 전체의 이익과 가능하면 최대한 조화를 이루도록 법과 사회제도를 만들고, 교육과 여론은 자신의 행복과 전체의 이익이 불가분의 관계라는 것을 깨닫게 해주어야 한다. 그렇다고 해서 사람들의 행동 동기가 반드시 최대 다수의 선에만 기여해야 한다는 뜻은 아니다. 실제로 공리주의는 행동 이면의 동기에 대해서는 관심이 없다. 어떤 행동의 도덕성은 동기와는 무관하고 행동의 결과에 의해서만 결정되기 때문이다. 더구나 대부분의 일상생활에서 인간은 많은 사람들에게 큰 영향을 주지 못한다. 따라서 실제로는 자신의 행동을 모든 사람의 이익과 관련지어 숙고할 필요는 없고, 자기와 관련된 소수의 이익과 행복에만 신경 쓰면 된다. 일정하게 공공의 효용을 먼저 고려해야 하는 사람들은 공공 부문에 종사하거나 사회 전반에 영향을 줄 수 있는 사람들뿐이다.

또 다른 비판은 공리주의가 행동의 결과만 고려할 뿐 행위를 촉발하는 도덕적 요소에는 관심을 갖지 않기 때문에 사람들을 '냉정하고 동정심 없게' 만든다는 주장이다. 그런 비판이 어떤 행동에 대한 옳고 그름의 판단은 그 행위자의 품성을 어떻게 생각하는지에 따라 영향을 받아서는 안 된다는 공리주의의 주장을 못마땅해 한다는 뜻이라면, 공리주의뿐 아니라 모든 도덕 기준에 대한 비난이나 다름없다. 어떤 윤리적 기준도 행동을 평가할 때 그 행위자가 좋은 사람인지 나쁜 사람인지에 비추어 옳고 그름을 평가하지는 않기 때문이다. 그러나 그 비판이 많은 공리주의자들이 공리주의를 배타적인 도덕 기준으로 간주하고, 다른 바람직한 '성격상의 아름다움'을 올바로 평가하지 않는다는 뜻이라면 그것은 받아들일 수 있다. 동정심이나 예술적인 이해를 도외시하고 도덕 감정만을 키우는 것은 실수이며, 다른 모든 학파의 도덕가들도 흔히 범하는 실수다. 그러나 만약 우선순위를 정하는 데 실수가 있다면 도덕적 사고의 측면에서 오류를 범하는 쪽이 낫다.

이어 밀은 공리주의에 대한 오해의 사례를 몇 개 더 소개한 뒤, 모두들 명백한 오류인데도 많은 사람들이 믿고 있다고 단정한다. 첫째, 공리주의는 도덕 원리가 신의 의지가 아니라 인간의 행복이기 때문에 종종 무신론에 바탕을 둔 이론으로 치부된다. 하지만 그런 비난은 우리가 신성의 도덕적 성격을 어떻게 규정하느냐에 따라 달라진다. 예컨대, 우리가 신이 '신의 피조물'(인간)의 행복을 원하고 그것이 만물을 창조한 목적이라고 믿는다면, 공리주의는 다른 어떤 이론보다 심오한 종교적 성격을 띤다고 할 수 있다. 공리주의자들은 도덕성에 대해 신이 계시한 진리가 공리주의적 원칙(효용의 구성요건)에 부합할 것이라고 생각한다. 나아가 공리주의자를 비롯한 많은 도덕가들은 인간에게는 애당초 신의 뜻을 해석하기 위해 조심스럽게 따라야 할 윤리원칙이 필요하다고 주장한다.

둘째, 효용은 흔히 '편의'와 혼용되고, 따라서 비도덕적인 이론으로 간주된다. 그러나 '편의'는 일반적으로 행위자의 특정 이익이나 일시적인 목적을 달성하려고 훨씬 높은 수준의 목적을 달성하기 위해 준수해야 하는 규칙을 위반하는 것이다. 따라서 '편의'는 유용하다기보다는 사실상 해롭다는 뜻이다. 사회에 해를 끼치는 행위는 진정으로 편의적이지 않고, 사회의 이익에 반하는 행동은 도덕의 적이 된다.

실제로 행동을 취하기 전에 그 행동이 일반 행복에 어떤 영향을 주는지 그 파급효과를 평가할 시간이 없다는 비판도 제기된다. 그러나 이런 주장은 우리가 어떤 행동을 할 때마다 성경을 읽을 시간이 없기 때문에 기독교 정신에 따라 살아갈 수 없다고 말하는 것과 마찬가지다. 우리에게는 어떤 행동이 어떤 특정 결과를 낳는지 충분히 알 수 있을 만큼 기나긴 시간의 역사가 있다. 무엇이 유용한 것인지에 대해서는 많은 합의가 이루어지고, 우리는 이런 지식을 자손들에게 전수할 능력도 있다. 그렇다고 해서 물려받은 윤리가 반드시 옳다는 말은 아니며, 인간의 행동들이 일반 행복에 미치는 효과에 대해서는 여전히 배워야 할 것이 많다. 그러나 행동할 때마다 제1원리에 비추어 다시 검증할 필요는 없다. 이성적인 사람들은 모두 현명한 것과 어리석은 것을 구분하는 어려운 문제들뿐 아니라 옳고 그름을 가리는 기본적인 문제에 관해서도 미리 마음을 정하고서 인생을 살아나간다.

마지막으로 공리주의는 인간 본성에 내재되어 있는 비도덕적인 성향을 과소평가하고 너무 관대하다는 비판을 받고 있다. 예컨대, 공리주의자는 자신에게 유리한 방향으로 도덕 규칙을 예외적으로 적용하려는 경향이 있고, 유혹을 받으면 규칙을 지키기보다 위반하는 쪽으로 효용을 해석하려 한다는 주장이다. 그러나 이 문제는 공리주의 이론에만 국한되지 않는다. 행동 규칙의 예외는 특정 신념 체계의 결함이라기보다는 인간사 자체가 너무 복잡하기 때문에 생긴다. 특수한 상황에 부응하려면 행위자의 도덕적 책임 하에 어느 정도의 융통성은 발휘되어야 하는 것이다. 의지할 만한 효용성이란 기준이 있다는 것은 아무런 기준이 없는 것보다는 낫다.

풀어보기

공리주의 반대론을 반박하는 밀의 가장 평범한 논리 중 하나는 기존의 비판이 공리주의에만 해당되지 않고, 모든 윤리 이론이 그 같은 한계를 지니고 있다는 것이다. 이런 전략의 장점과 단점은 무엇인가? 이 전략이 자기 이론에 대한 오해를 일축하려는 정해진 목적을 진실로 만족시켜 주는가? 그러한 반박이 모든 윤리 이론의 기초를 위태롭게 할 위험성은 없는가?

밀은 여기서 가장 논란이 많은 주장을 일부 소개하고 있는데, 그 주장과 가정들을 면밀히 살펴보는 것이 매우 중요하다. 이런 논쟁에는 명백한 옳은 대답도 그른 대답도 없지만, 밀이 가장 많이 공격당하는 부분을 숙고해 보면 도움이 될 것이다. 공리주의는 일반 행복의 총량 증대에 관심이 있지, 개인적인 행복 증대에는 관심이 없다는 것이 밀의 견해다. 이런 개념에 대한 흔한 비판 하나는 공리주의가 일반 행복을 도덕성의 판단 근거로 삼기 때문에 개인의 중요성을 간과한다는 것이다. 이런 논쟁을 다룰 경우에는 관점의 차이를 인식하면 도움이 된다. 인간이 배제된 밀의 관점에서는 도덕성이 공평무사(公平無私)하다. 그러나 도덕성은 주체 중심, 즉 인간 사이에 존재하는 것이라고 주장할 수도 있다. 또한 개인적인 동기는 도덕성에 중요하지 않다는 밀의 주장도 논란의 여지가 있다. 어떤 행동이 좋은 이유이거나 나쁜 이유에서 행해졌다면 본질적으로 다른 행동일까? 밀은 그렇지 않다고 주장할 것이다. 끝으로, 밀은 개인이 행복을 희생할 때는 일반 행복의 증대라는 결과를 낳아야만 바람직하다고 주장하면서, 희생 자체의 가치를 본질적으로 배격한다. 그러나 많은 사람들이 금욕주의적인 삶을 그 결과에 관계없이 높이 평가한다. 이런 사실로 인해 우리는 다시 공리주의에 관한 가장 근본적인 문제로 되돌아가게 된다. 최대 행복의 원리는 도덕성의 궁극적인 기본 원리인가?

Chapter 3
효용 원리는 궁극적으로 어떤 제재를 행사하는가

어떤 도덕철학이든 그 철학의 규칙을 어기는 사람에 대한 고유의 결론을 담고 있지 않으면 구속력을 가질 수 없다. 이 장에서는 공리주의가 어떤 제재를 가할 수 있는지에 대해 탐구한다. 공리주의의 구속력은 어디에서 오고, 이것을 준수하지 않는 사람들에게는 어떤 처벌을 가할 수 있는가, 등등. 밀은 공리주의 체계에 대한 잠재적인 도전을 지적하고 있다. 만약 우리에게 관습에 의해 도덕 기준으로 인정받지 못하는 어떤 일반 원리에서 도덕적 구속력이 생긴다고 한다면 어째서 그 원리에 복종해야 하는지 의문스러울 것이고, 오히려 그 일반 원리에 근거한 부차적인 도덕관념들이 도덕 기준 자체보다 더 강력한 기준을 갖는 것처럼 여겨져 이치에 어긋나는 듯이 보일 수도 있다. 왜냐하면, 우리는 교육과 여론을 통해 우리 마음속에 굳건히 자리 잡은 통상적인 도덕만이 그 자체로 구속력을 지닌 유일한 존재로 인식하고 있기 때문이다. 이 같은 도전은 공리주의를 비롯한 특정 도덕률을 엄격하게 준수하도록 강요당할 때마다 끈질기게 제기될 것이다.

공리주의도 다른 도덕률과 같은 모든 윤리적 제재를 가할 수 있다. 그 제재에는 외부적 제재와 내부적 제재가 있다. 외부적 제재는 우리 주변 사람들이 좋아하는 것에 대한 희망이나 싫어하는 것에 대한 두려움, 또는 창조주에 대한 사랑과 경외심이다. 이런 동기들은 다른 도덕률과 마찬가지로 공리주의 도덕과도 완벽하고 강하게 결부되어 있다. 내부적 제재는 인간의 양심에 뿌리를 두고 있으며 자기 의무를 다하지 않을 때 마음속에 고통을 야기하는 느낌인데, 도덕적인 사람은 그 고통 때문에 의무 위반은 생각할 수도 없을 정도다. 실제로 모든 도덕률의 궁극적 제재는 마음속의 주관적 느낌을 통해 행사된다. 그리고 이 느낌은 인간의 본성상 누구나 가지고 있기 때문에 공리주의 아래라고 해서 강렬하게 배양되지 못할 이유가 없다.

도덕 원리를 주관적인 느낌에 뿌리박힌 것으로 생각하는 사람보다는 물자체*의 영역에 속하는 객관적 실체에서

---

* **물자체**(物自體, thing-in-itself): 칸트의 용어. 우리 주변에 펼쳐진 세계는 물(物)이 생긴 그대로 나타나 보이는 것이 아니고, 우리가 공간과 시간이라는 두 직관 형식에 합치하는 정보만을 선별해서 받아들여 12개의 범주(분량·성질·관계·양상 등)에 따라 종합

발견하는 사람이 훨씬 더 그 원리를 잘 따르는 경향이 있다. 그러나 도덕 원리의 근원을 무엇으로 간주하든 행동의 궁극적인 동기는 항상 행위자의 주관적인 느낌이다. 그런데 초월주의 도덕 이론가들은 마음 외부의 초월적 존재가 제재의 근거가 되어야 하고, 그렇지 않으면 그 제재가 마음속에 존재하지 않는다고 생각한다. 그 결과, '나를 구속하고 양심을 자극하는 것은 오로지 마음속에서 일어나는 느낌뿐'이란 말에 대해 그 느낌이 사라지면 의무감도 없어지고 불편한 느낌이 들면 양심을 무시하려 든다고 주장할 것이다. 그러나 사람들이 자기 양심을 무시하는 위험은 비단 공리주의 철학에만 국한된 문제가 아니라 모든 인간이 직면하고 있는 문제다.

　따라서 내부적 제재가 인간의 행동에 가장 강력한 영향을 주는 요소라면 공리주의 역시 어떤 구속력을 행사하려면 반드시 인간의 내적 감정에 호소해야 한다. 의무감이 인간의 의식에 '내재된 것인지 외부에서 이식된 것'인지의 여부는 중요하지 않다. 어느 쪽이든 공리주의 이론을 뒷받침할 것이기 때문이다. 도덕 감정은 내재적인 것이 아니라 후천적으로 습득되는데, 그렇다고 해서 자연스럽지 않다는

적으로 구성한 것이다. 이처럼 인간의 인식 작용에 의해 생긴 이미지가 아니라 그 자체로서 존재하는 세상의 진짜 모습. 이를테면, 신·영혼·양심 등도 물자체에 속한다.

뜻은 아니며, 인간 본성의 일부는 아니라고 해도 그 본성에서 자연적으로 자라난 것이다. 그래서 어느 정도는 저절로 솟아오를 수도 있고, 교육에 의해 발전할 수도 있으나 강력한 외부적 제재에 의해 전혀 바람직하지 못한 방향으로 자라날 수도 있다. 그러나 자연적으로 발전하는 것이 아니기 때문에 '인위적인' 도덕 감정이고, 면밀히 분석하면 결국 희미해지기 때문에 자연적인 도덕 감정과 구별할 수 있다. 그런데 공리주의에 매우 중요한 요소인 의무감은 깊이 숙고해도 무너지지 않기 때문에 효용은 특히 강력한 기본 원리로 판명되고, 이것은 "공리주의 도덕을 위한 자연적 감정의 기초가 분명히 존재한다"는 암시가 된다.

따라서 일반 행복은 일단 도덕 기준으로 받아들여지기만 하면, 인간이 지닌 사회적 감정이 군건한 기초가 되어 공리주의 도덕의 힘을 키워줄 것이다. 이처럼 공리주의는 인간의 사회적 상태, 즉 다른 사람들과 일체감을 이루려는 열망과 다른 사람들의 불인정을 두려워하는 마음에 뿌리를 두고 있다. 주인과 노예의 관계가 아니라면 사회는 모든 구성원의 복리가 동등한 가치를 지닌다는 원칙에 근거하지 않으면 존립할 수 없고, 지금도 평등의 가치를 향해 진보하고 있으므로 누구나 타인들의 이익을 완전히 무시하는 것은 불가능하다. 교육과 법을 통해 말과 실천적인 측면에서 사람들을 성장시킬 수 있고 이 같은 사회적 일체감을 하나의 종교처럼 가르칠 수 있다고 가정한다면, 이 개념을 이해할 수 있는 사람은 누구나 행복이란 도덕률이 궁극적 정당성을 지닌다는 사실에 대해 의구심을 갖지 않을 것이다. 그리고 그 일체감이 내적인 제재로서 마음속에 자리 잡으면 공리주의는 인간의 행동에 충분히 영향을 미칠 정도로 구속력을 행사하게 될 것이다. 더구나 사람들이 이런 일체감에 구속감을 느끼기 위해 반드시 인류 대다수가 공리주의 도덕을 준수하지 않을 수 없도록 그 사회적 영향력이 커지기를 기다려야 하는 것도 아니다. 인간의 역사를 되돌아보면 비교적 초기 단계에서도 타인들과 어느 정도의 동료 의식을 느끼지 않고 산다는 것은 생각할 수 없기 때문이다. 이런 감정은 흔히 이기심에 의해 빛을 잃지만, 그런 감정을 지닌 사람들에게는 자연스러운 것이다. 따라서 공리주의가 행사하는 궁극적 제재는 적절한 교육 체제로 키울 수 있는 인간의 자연적인 감정에 뿌리를 두고 있다.

· 풀어보기

　제재에 대한 밀의 논의는 상당히 추상적이다. 몇 가지 사례를 들어 설명했더라면 좀더 명확했을지 모를 일이다. 어느 철학자가 인간의 행동은 고통을 키워주는 한, 도덕적으로 옳다고 규정하는 도덕 이론을 제시했다고 가정하자.

지금 모든 도덕 이론에서 제기하는 하나의 논점은 그 철학의 명령을 사람들이 내재화할 수 있어야 한다는 점이다. 이경우, 어떤 사람이 다른 사람에게 고통을 주지 못했다면 양심의 가책을 느낄 수 있어야 한다. 고통을 일으키는 행위가 도덕적으로 정당하다고 생각할 수 있을까? 밀은 그것이 가능하다고 말한다. 사람들은 교육과 사회화 과정을 통해 고통을 증진시키는 내재적인 제재를 습득할 수 있다는 것이다. 그러나 그것은 인위적인 감정, 즉, 인간의 본성이나 경험에 바탕을 두지 않은 감정이며, 오히려 세뇌의 결과에 가깝다고 할 수 있다. 그 결과, 사람들이 자신의 감정 상태에 대해 분석하고 깊이 숙고하면 이 고통 이론을 거부하는 수준에 이를 수 있다. 인간 본성에 부합하는 사실은 사람들이 사회적으로 어울려서 일하고 상대방의 노력에 서로 참여하는 경향인데, 남을 고통스럽게 만드는 것은 그런 사실에 정면으로 배치되는 행위이기 때문이다.

밀은 그런 가설적 철학 이론과는 달리 공리주의는 인간 본성이 지닌 이런 사실들을 수용한다고 주장한다. 그렇다고 모든 사람이 공리주의 도덕률을 지지하는 감정을 갖고 있다는 뜻이 아니라 다른 것들을 높이 평가하도록 사회화될 수 있다는 의미다. 밀의 주장인즉슨 만약 사람들이 공리주의를 받아들이도록 교육받는다면, 그들은 사회적 효용을 도덕적 선이라고 장려하는 감정을 발전시킬 수 있다는 것이다. 그런 감정은 공리주의의 목적에 반하는 행동을 하는 사람에게는 죄책감을 느끼게 만들고, 더욱이 고통에 근거를 둔 사회 체계처럼 숙고한다고 물리칠 수 있는 것도 아니며 자연스럽기 때문에 인간 본성과 조화를 이루고 숙고할수록 이치에 맞는다는 것이다.

공리주의가 사람들의 감정에 의해 뒷받침되고 있다는 점을 증명하는 것이 밀에게는 왜 그토록 중요할까? 밀은 도덕 이론이라면 그 명령으로 사람들을 옭아맬 수 있어야 한다고 생각하고, 유일한 구속 방법은 그들이 어떻게 느끼는지에 달려 있다는 것을 보여주려 애쓰고 있다. 따라서 공리주의가 하나의 철학 이론으로서 유지될 수 있으려면, 사람들이 일반 행복을 증대시키는 행동이 도덕적으로 올바르다고 '믿을 수' 있어야 한다는 결론이 나온다. 밀은 공리주의가 이런 요건을 충족시킨다는 점을 증명하려는 것이다. 여기서 고려할 만한 가치가 있는 한 가지 사항은 어떤 행위를 감정적으로는 지지하지 않는 경우에도 그 일을 실행에 옮길 만한 논리적 또는 지적인 이유를 가질 수 있느냐, 하는 점이다. 밀은 불가능하다고 생각한다. 그러나 행동 동기가 자신의 감정 이외의 다른 영향력에 의해 유발되는 경우는 없을까? 밀은 이런 우려에 대해 어떤 답을 내놓을까? 다음 문제. 도덕 원리는 밀이 필수 요소라고 생각하는 종류의 이행 구조 없이도 사회에서 영향력을 발휘할 수 있을까?

Chapter 4
효용 원리의 타당성을 어떻게 입증할 수 있는가

밀은 "어떤 제1원리도 이성에 입각한 증명을 허용하지 않는다"는 말로 4장을 시작하고 있다. 그렇다면 효용성이 기본 원리라는 사실은 어떻게 알 수 있을까? 4장의 목적은 공리주의가 타당하다고 인정받으려면 그 이론에 무엇이 있어야 하고 어떤 조건이 충족되어야 하는지를 탐구하는 것이다. 어떤 가치가 바람직하다는 것을 입증할 수 있는 유일한 방법은 사람들이 실제로 그것을 얻으려고 갈망한다는 사실을 보여주는 것이다. 행복이 좋다는 것은 사실이다. 모든 사람이 자신의 행복을 갈망하기 때문이다. 따라서 행복은 사람들의 행동이 지향하는 하나의 목적이자, 나아가 하나의 도덕 기준이라는 점은 분명하다.

그러나 도덕성 판단의 유일한 기준이 행복임을 입증하려면 사람들이 행복 이외에는 아무것도 갈망하지 않는다는 사실을 보여주어야 한다. 인간은 돈이나 권력 또는 덕 같은 가치도 갈망하는데, 흔히 말하듯 행복과는 분명히 구별된다. 본래 덕은 목적의 일부는 아니었지만 덕스러운 사람에게는 목적의 한 부분이 되고 행복을 위한 수단이 아니라 행복의 일부로서 갈망된다. 행복은 추상적 관념이 아니라 여러 요소를 지닌 구체적인 하나의 전체다. 따라서 공리주의 철학은 행복의 일부이자 일반 행복을 달성하는 데 무엇보다 중요한 덕을 최대한 사랑하고 함양할 것을 장려한다.

인간이 행복을 얻는 수단이 아닌 것에 대해서는 아무런 갈망도 느끼지 않는다면, 행복이 바람직한 유일한 것이란 사실이 입증된다. 그렇다면 행복은 인간 행동의 유일한 목적이며, 모든 행동을 행복 증진의 여부에 따라 판단할 수 있게 된다. 이처럼 공리주의 이론의 정당성을 입증하는 것은 심리학적인 문제인데, 실제로는 인간이 행복의 일부이거나 행복의 수단으로 간주되는 것들만 갈망하는가, 하는 점이 문제가 된다. 그 답은 오로지 자기성찰과 타인에 대한 관찰을 통해 구할 수밖에 없다. 공리주의는 타당한 이론이며, 편견 없이 숙고하면 어떤 가치가 바람직하다는 것은 쾌락을 준다는 것이나 같다. 이런 사실은 너무나 명백하기 때문에 반박의 여지가 없으나 도덕적 의지와 육체적 또는 정신적 갈망은 다르다는 이견이 제기될 수 있다. 덕스럽거나 확고한 목적을 지닌 사람은 그 목적에 대해 깊이 생각하거나 그것을 달성했을 때 기대되는 쾌락을 염두에 두지 않고 행동하며, 고통에 압도된 나머지 쾌락이 엄청나게 줄어들더라도 끈질기게 매달린다. 이렇게 의지는 갈망과 다르며, 종종 목적 자체가 되기도 한다. 본래 모든 의지는 갈망에서 생겨나지만, 우리가 습관적으로 추구하는 목적은 갈망하기 때문에 달성 의지를 갖는 것이 아니라 때로는 오히려 그 의지 때문에 갈망하게 된다. 그렇다고 해서 무엇이든 그 자체로 삶에서 쾌락을 얻게 하거나 고통을 피하게 해주는 수단이 되어야 좋은 것이라는 사실이 달라지지는 않는다. 밀은 자신의 말이 옳은지 그른지에 대한 판단은 '사려 깊은 독자'의 몫으로 남겨둔다.

· 풀어보기

　밀은 이 장에서 행복에 대한 주장을 한 걸음 더 확장시키고 있다. 우리는 2장에서 밀이 개인의 고차원적인 능력에 바탕을 둔 쾌락이 양질의 쾌락이요, 따라서 높게 평가되어야 한다고 주장한 것을 상기해야 한다. 그는 이런 방식으로 행복의 의미를 확장함으로써 여러 종류의 쾌락을 설명할 수 있는 여지를 확보하려고 했으며, 4장에서 또 다시 그 의미를 넓히고 있다. 공리주의에 대해서는 어떤 경험이 단지 순수하고 기본적인 행복에 이르는 하나의 수단이 아니라 복합적인 행복을 구성하는 요소가 될 수 있다는 반론이 가능하다. 그 반론에 대해 밀은 공리주의는 행복이 모두가 중시하는 다른 여러 경험들로 구성된다는 사실을 받아들일 여지가 있다고 주장한다. 행복의 관념이 '여러 구성요소'를 지닌다는 주장은 밀로서는 중대한 의미 확장이다.

이 장에서 밀이 제시하는 또 다른 중요한 논거는 모든 행동의 동기가 갈망의 충족에 바탕을 두고 있다는 것이다. 그러나 이 논거의 타당성 여부는 자신과 다른 사람들의 행위를 관찰해야 해결할 수 있는 경험적인 문제라는 그의 주장이 옳을지도 모르며, 심리학과 철학의 경계 사이에 중요한 문제를 야기시킨다. 만약 공리주의가 인간의 심리학적 요소에 기초를 두고 있다면 어느 정도까지가 단순한 설명에 불과할까? 우리는 인간이 어째서 특정한 방식대로 행동해야 하는지 그 이유를 철학이 제시해 주기를 바라는 경향이 있다. 그러나 우리가 특정한 방식대로 행동한다는 것을 알아차린다고 해서 반드시 우리가 그런 식으로 행동해야 한다는 것을 입증하지는 못한다. 우리는 밀이 어느 부분에서는 인간이 세상을 바라보는 방식을 관찰하고, 어느 부분에서는 특정한 세계관을 옹호하는지 잘 검토해야 한다. 그의 이론이 심리학적인 논거에 의존해서 얻은 것과 잃은 것은 무엇인가? 관찰 및 설명에 대한 의존을 피하는 것이 어느 정도 가능하기는 할까?

Chapter 5
정의는 효용과 어떤 관계를 맺고 있는가(1)

밀은 역사를 통틀어 효용이나 행복이 옳고 그름의 판단 기준이라는 이론이 지닌 가장 큰 장애 하나는 바로 정의(正義)의 이론을 고려하지 않는다는 것이었다고 말한다. 따라서 이 장에서는 어떤 행동의 정의 또는 불의가 내재적 성질인지 아닌지, 그리고 효용성의 문제와 구별되는지 아닌지를 규정한다. 이 문제를 검토하는 과정에서는 정의감이 그 자체로 존재하는 것인지, 아니면 특정 상황에서 나타나는 감정들의 결합에 의해 형성되는 것인지를 결정해야 한다. 이 감정은 인간의 감정 구조에 의해 설명할 수 있는가, 아니면 '자연의 특수한 현상'이기 때문에 설명될 수 없는 것인가? 이 질문에 답하려면 우리는 정의의 개념에 뚜렷한 특성이 있는지, 있다면 그것이 무엇인지를 규명해야 한다.

밀은 정의의 의미를 명확히 규정하고, 일반적으로 정의롭거나 불의한 것이라고 분류되는 행동을 열거하면서 논리를 전개한다. 첫째, 다른 사람의 법적 권리를 존중하는 것은 정의롭고, 침해하는 것은 정의롭지 못한 행위로 간주된다. 그러나 이 개념에는 예외가 있다. 예를 들어, 어떤 사람이 원래 갖지 말았어야 할 법적 권리를 가질 수도 있다는 것이다. 즉, 그의 권리가 악법의 소산일 수도 있다는 뜻. 악법에 대한 불복이 정당화될 수 있는가에 대해서는 의견이 분분하다. 아무리 악법이라도 개별 시민은 불복할 수 없으며 유자격 전문가가 그 법을 개폐하도록 만드는 방향으로 의견을 개진해야 한다는 주장이 있는가 하면, 악법은 불의를 저지르지 않고 단지 불편을 초래할 뿐인 경우에도 아무거리낌 없이 불복할 수 있다고 역설하는 측도 있는 것이다. 그러나 정의롭지 못한 법이 존재할 수 있다는 점에 대해서는 모든 사람이 동의한다. 따라서 법은 정의를 판단하는 궁극적인 기준이 될 수 없다. 둘째, 불의는 누구에게나 인정되어야 하는 도덕적 권리를 빼앗는 것이다. 셋째, 어떤 사람이 '마땅히 누릴' 권리가 있는 것을 가지면 정의롭다고 간주되며, '마땅히 누릴' 권리가 없는 것을 가지거나 잘못도 없이 나쁜 일을 당하면 정의롭지 못한 것으로 간주된다. 그리고 옳은 일을 하면 좋은 대접을 받을 자격이 있고, 나쁜 일을 하면 나쁜 대접을 받을 수밖에 없다. 넷째, 다른 사람과의 약속을 어기거나 신뢰를 깨트리는 것은 정의롭지 못하다. 다섯째, 부적절한 환경에서 정실 내지는 편애를 노골적으로 드러내는 것도 정의롭지 못한 행위로 간주된다. 그러나 일반적인 경우에 공평무사해야 할 필요는 없다. 예컨대, 친구를 고르는 문제에서 공평무사할 필요는 없지 않은가. 이 말은 사람이 특정한 상황에서 적용해야 할 고려 사항에 의해서만 영향을 받아야 된다는 의미다. 마지막으로, 많은 사람이 평등의 개념을 정의의 한 구성요소로 간주하지만, 일반적인 편의 때문에 불평등이 불가피하다고 생각하는 사람들도 있다.

정의의 개념은 사람에 따라 아주 다양하게 해석되기 때문에 이 모든 차이를 일관되게 관통해서 연결하고 그 개념 특유의 도덕적 감정을 연상시키는 정신적 고리를 찾아내기가 매우 어렵다. 그럼에도 불구하고 사람들은 정의를 하나의 통일된 개념으로 간주하며, 그것의 토대를 이해하든 못하든 정의라는 감정을 느낀다. 아마 정의라는 단어의 역사를 살펴보면 어느 정도 단서가 잡힐지도 모르겠다. 대부분의 언어에서 정의의 어원은 부정할 수 없는 법 또는 권위 있는 관습에서 유래한다. 따라서 정의라는 단어가 처음 쓰이기 시작했을 때는 법을 따른다는 의미를 지니고 있었을 것이 분명하다. 그리스와 로마인들은 사람들이 법의 제재를 받지 않고 정의롭지 못한 짓을 하듯 법에 따라서도 옳지 못한 일을 할 수 있다는 것을 깨달았다. 이처럼 세상에는 악법도 존재할 수 있기 때문에 정의는 모든 법에 적용되는 것이 아니라 오로지 반드시 존재해야 하지만 존재하지 않는 법을 비롯해서 마땅히 지녀야 할 내용을 지닌 법에만 연관되는 개념이었다. 그러나 밀은 정의의 관념이 흔히 우리가 법이 개입하지 않기를 바라는 사적인 영역에도 적용된다는 사실을 알아차린다. 예컨대, 우리는 특정한 경우에는 법의 힘이 동원되는 것이 불편하다는 사실을 인식하면서도 정의롭지 못한 행동은 반드시 처벌되는 것이 옳다고 생각한다. 특정한 경우에 국가 처벌권의 범위를 제한하는 것은 그 사람이 처벌받아서는 안 된다는 감정과는 무관하며 국가 권력의 확대에 대한 현실적인 우려와 관계가 있다.

이 같은 논의를 통해 정의의 기원 및 진전 과정을 충실하게 설명했지만, 결과적으로 보통의 다른 도덕적 구속과의 차이점에 대해 아무것도 알 수 없다. 형사적 제재의 개념이 불의뿐만 아니라 모든 형태의 그릇된 행위에도 적용되기 때문이다. 실제로 어떤 행동은 그 행위자가 법이나 여론 또는 양심에 비추어 반드시 처벌받아야 한다고 생각될 때만 그릇된 것으로 간주된다. 따라서 일반적으로 도덕적 의무는 의무의 관념, 즉 누구든지 그 일을 이행하지 않으면 안 된다는 관념에서 비롯된다. 이렇듯 마땅히 처벌되어야 하는가, 아니면 처벌받지 않아도 되는가라는 개념이 일반적인 의미에서 도덕적 사고의 본질이다. 그리고 절대적 강제성을 띠는 의무와 절대적 강제력을 띠지 않는 의무의 차이를 검토하면 정의와 다른 형태의 도덕을 구별할 수 있다. 후자는 강제력을 지니기는 해도 어떤 상황에서 그러한 행동을 해야 하는지는 각자의 선택에 달려 있고, 다른 사람에게 무언가를 요구할 수 있는 권리가 없는 의무를 말한다. 반면, 전자는 누군가가 다른 사람에게 요구할 수 있는 의무를 가리킨다. 정의는 절대적 의무와 정확히 일치하며, 일반적으로 개인적 권리—단수 또는 복수의 개인에게 법이 인정한 소유권이나 기타 법적 권리 등—라는 의미가 포함되어 있다. 정의란 어떤 행동의 옳고 그름을 결정할 뿐 아니라 누군가가 우리에게 자신의 도덕적 권리를 주장할 수 있게 만드는 것이기도 하다. 이를테면, 부당한 대우를 받은 사람은 도덕적 권리를 침해당한 것이고, 따라서 원상회복을 추구하는 것은 그의 정당한 권리로 간주된다.

· 풀어보기

　　여기서 밀은 공리주의가 정의와 반대되는 개념이라는 주장에 대해 응수하고 있다. 이 부분은 정의와 정의라는 단어의 역사적인 기원에 대해 많은 지면을 할애하고 있기 때문에 대체로 설명이 많은데, 정의의 필수 조건이 무엇인지에 대해 자신의 이론을 제시하지 않았다는 점은 의미심장하다. 밀의 관점에서 보면, 정의는 추상적인 개념이라기보다는 많은 사람들이 공유하는 도덕에 대한 감정이다. 따라서 밀은 정의를 규정하기 위해 다른 사람들이 이 단어를 어떤 의미로 사용하는지 검토하고 있다. 정의는 사람들이 존재한다고 믿기 때문에 존재하며, 사람들이 그 말이 의미한다고 생각하는 것을 의미한다. 밀은 가장 널리 받아들여지는 정의의 개념부터 소개한 뒤, 다양한 정의의 개념들을 일관되게 연결하는 개념을 이론화하고 있다. 궁극적으로는 이 모든 개념들을 권리의 개념으로 한 틀에 묶고 있으며, 절대적 강제성을 띠는 의무와 절대적 강제성을 띠지 않는 의무에 대한 자신의 이론을 통해 소개한다.

이 부분에서는 밀이 권리에 대해 처음으로 자기 의견을 피력하고 있는데, 뒷부분에서는 이 관념을 매우 자세히 파고들 것이다. 밀의 관점에서 권리란 말은 어떤 사람이 사회를 향해 어떤 권리 침해행위로부터 자기를 보호해 달라는 정당한 요구를 의미한다. 많은 공리주의 철학가들은 권리의 관념을 무의미하다고 일축하며, 공리주의를 둘러싼 많은 논쟁은 권리의 존재 여부에 집중되어 있다. 그러나 밀은 이 문제에 관한 한 다른 시각을 보여주고 있다. 4장의 뒷부분에서는 권리의 개념을 공리주의 철학의 틀 안에서 옹호한다.

정의는 효용과 어떤 관계를 맺고 있는가(2)

　정의를 규정한 밀은 이제 정의의 개념에 수반되는 느낌이 자연의 특별하고 독특한 경향에서 비롯되는지, 아니면 일반적 편의에 대한 고려를 통해 생성될 수 있는 것인지에 대한 문제로 관심을 돌리고 있다.

　정의에는 두 가지 요소가 있다. 첫째, 해를 끼치는 자를 처벌하고자 하는 사람들의 공통된 마음이다. 이 마음은 자기보호 충동과 타인에 대한 동정심에서 자발적으로 생긴다. 모든 동물은 자기보호 본능을 갖고 있으나 인간은 동물들과 달리 자식뿐 아니라 다른 모든 인간들에 대해서도 동정심을 발휘할 수 있다. 더구나 인간은 동물보다 지적으로 우월하기 때문에 자신이나 타인을 배려하는 감정의 폭이 훨씬 넓고, 자기와 자신이 속한 공동체 사이에 공동 이익이 존재한다는 것을 이해할 수 있다. 따라서 사회 전체의 안전을 위협하는 모든 행동은 자신에게도 위협이 되기 때문에 자기보호 본능을 발휘하게 되고, 인류 일반에게 해를 끼치는 모든 행위에 대해 본능적으로 동정심을 발휘하면서 저항한다. 그러므로 정의감은 해를 끼친 자에 대해 보복하려는 자연적인 감정이라고 할 수 있으며, 그 감정 자체는 도덕적 성질을 띠고 있지 않다. 정의에 내포된 도덕적 요소는 오히려 사람들이 불의를 접했을 때 느끼는 분노의 질에서 발견할 수 있다. 사람들은 불의가 자신에게 개인적으로 피해를 주는 경우뿐만 아니라 사회 일반의 이익에 반하는 경우에도 분노를 느낄 수 있는데, 이것은 도덕적 관심을 설명해 준다. 자연적 감정은 자기 뜻과 어긋나는 행동을 하는 사람에 대해서는 무조건 분개하게 만들지만, 사회적 감정에 의해 도덕적인 사람이 되면 사회 일반의 이익에 도움이 되는 쪽으로만 행동한다. 따라서 정의로운 사람은 자기에게 해를 끼치지 않더라도 사회에 해를 입히는 행동에 대해서는 분노를 느낀다.

둘째, 정의를 구성하는 또 하나의 요소는 정의가 훼손되었을 경우, 그것으로 인해 고통을 겪는 명확한 피해자가 있다는 사실이다. 권리의 관념은 정의와 분리해서 생각할 수 없는 개념이고, 오히려 정의의 다른 여러 측면, 즉 처벌에 대한 욕구와 피해자를 적시(摘示)할 수 있다는 사실이 구체화된 결과라고 주장한다. 어떤 것에 대한 권리를 가진다는 것은 내가 그것을 보유할 수 있도록 사회가 보호해 주어야 한다는 의미가 된다. 그러나 어떤 사람이 사회가 왜

이 같은 개인의 권리를 보호해야 되느냐고 묻는다면, 밀은 일반 효용 이외에 다른 이유를 대지 못한다. 정의의 감정이 이토록 강렬한 것은 정의와 복수에 대한 동물적 요소를 함께 지니고 있기 때문이다. 이것의 도덕적인 힘은 권리 침해가 일어났을 때 포함되어 있는 '강력한' 종류의 효용, 즉 안전이라는 공통의 이익에서 나온다. 사람들은 안전이 확보되지 않으면 살 수 없으며, 다른 어떤 쾌락을 즐기기 위한 전제 조건으로 안전이 반드시 필요하기 때문이다. 안전은 매우 기본적인 문제이기 때문에 효용의 한 형태로서의 안전의 정도의 차이가 종류의 차이로 바뀌게 되고, 너무나 중요한 나머지 절대성과 도덕적 필연성을 띠게 된다.

정의가 효용과는 무관하게 그 자체로 기준이 되고, 자기성찰을 통해 저절로 인식될 수 있는 것이라면, 정의의 문제가 왜 그토록 자주 논란이 되는 것일까? 무엇이 사회에 유익한가를 둘러싸고 많은 논란이 있듯 정의가 무엇인가를 놓고도 격렬한 논쟁이 벌어지고 있으며, 다른 개인과 민족들 사이에서뿐만 아니라 동일한 사람도 정의를 상황에 따라 다른 성질을 갖는 것으로 생각한다. 따라서 어떤 행동들이 처벌되어야 하는지, 그리고 처벌의 적절한 수준을 둘러싸고 의견이 대립되고 있다. 다른 주제이긴 하지만, 천부적 재능을 가진 사람이 더 많은 돈을 벌어야 하는가, 세금은 사람에 따라 누진되어야 하는가, 아니면 일괄적인 세율로

부과되어야 하는가에 대해서도 의견이 일치되지 않고 있다. 사실 정의에 대한 상충되는 여러 주장에 현혹되지 않는 유일한 방법은 권위를 지닌 근거, 즉 사회적 효용의 개념을 활용하는 것이다.

그렇다고 해서 정의와 편의 사이에는 차이점이 없다든지, 정책이 정의보다 더 중요하다는 의미는 아니다. 오히려 효용에 바탕을 둔 정의야말로 모든 도덕성의 중요한 부분이며, 그 어느 것보다 신성하고 구속력도 강하다. 인간의 복리를 증진시키는 데 필요한 기본적이고 필수적인 요건들이 대체로 정의와 관련되어 있기 때문이다. 사람들이 서로 피해를 입히지 못하도록 하는 도덕 규칙은 인간의 복리를 위해 중요한 역할을 하고 인간의 사회적 감정을 결정하는 핵심 요소이며, 정책에 관한 규칙들, 즉 사회적인 문제의 관리 방법을 규정하는 법칙들보다 중요하다. 더구나 정의의 보존은 인간들 사이에 평화를 보존하는 것과 같다. 따라서 정의의 명령을 보존하고 집행하는 행위에는 효용의 관점에서 매우 큰 이익이 걸려 있다.

오늘날 우리가 목격하는 정의의 적용 사례들은 대체로 방금 논의한 도덕적 권리의 개념을 단순히 유지하는 방법에 불과하다. 불편부당의 원칙은 부분적으로는 이런 원리들에 바탕을 둔 것일 뿐 아니라, 효용의 진정한 의미로부터 나온 것이다. 최대 행복의 원리는 각 개인의 행복이—동일한 양이라는 가정 하에서―다른 사람의 행복과 정확하게 똑같이 존중되지 않으면 아무런 의미가 없다. 그리고 모든 사람이 평등하게 행복권을 누려야 한다는 말에는 행복에 이르는 수단에 대해 평등한 권리를 지녀야 한다는 뜻이 포함되어 있다. 따라서 사회적 편의에 의해 제한이 불가피한 경우 이외의 사회적 불평등은 불의로 규정되어야 한다.

정의는 사회 전체의 차원에서 사회적 효용이 매우 높기 때문에 다른 어느 것보다 강력한 구속력을 갖는 도덕적 요구를 가리킨다. 그러나 정의의 일반 원칙을 무효로 만들 만큼 중요한 다른 사회적 의무가 생길 수도 있다. 따라서 생명을 구하기 위해 물건을 훔치는 행위가 용납될 수도 있는 것이다. 이러한 논의를 통해 공리주의 이론에 관련된 유일한 실질적 문제는 해소되었다. 정의가 문제되는 곳에서는 언제나 편의가 관련된다는 사실은 자명하다. 다만 정의라는 말에는 특별한 감정이 수반되기 때문에 편의와 구별된다. 이 같은 특별한 감정이 충분히 설명되고, 특별한 감정은 사람들이 사회적 선이 요구하는 바에 따라 도덕적 차원에서 분노를 느끼게 되는 자연스러운 느낌에 불과하며 이런 느낌이 정의라는 말이 해당되는 모든 경우에 존재할 뿐 아니라 반드시 존재해야 한다면, 정의의 개념은 더 이상 공리주의 도덕에 장애가 되지 않는다. 정의는 다른 어떤 것―이를테면, 계급 같은 것―보다 훨씬 중요하고 절대적 당위성을 지닌 특정한 사회적 효용의 이름이며, 따라서 종류 면에서도 다른 것과 구별되는 감정에 의해 간직되어야 한다.

마지막 장에서 밀은 정의가 실제로 효용성에 근거한 개념이란 사실을 입증하려 하고 있다. 정의 자체에 수반되는 감정은 악행에 대한 인간의 복수 욕구에 뿌리를 두고 있다고 주장하는 것. 그러나 이런 복수심이 도덕적으로 정당하다고 느껴지는 이유는 한 개인이 다른 사람의 악행으로 인해 피해를 입었을 경우뿐 아니라 사회 전체가 피해를 입었을 때도 생기기 때문이다. 정의와 관련된 경우, 사회적 선에 대한 도전은 더욱 해로운 것이며, 따라서 그것에 대한 복수심은 더욱 강렬해진다. 그러나 여전히 효용성의 관점에 바탕을 두고 있는 정의는 효용성과 별개의 기원을 가지고 있지 않으며 더더욱 동일한 잣대로 측정될 수 있다.

아마도 밀의 논평 가운데에서는 권리에 대한 논평이 가장 흥미로울지 모른다. 많은 공리주의자들과는 달리, 밀은 권리의 존재를 받아들이면서도 그 근거를 자연의 섭리나 신이 아니라 오히려 효용성에 둔다. 권리는 인간의 복지에 필수적인 가장 근본적인 사회적 효용성을 상징하는 것으로, 사회가 개인의 권리를 보호해 주지 못하면 인간의 문명 자체가 번성하지 못한다는 것이다. 따라서 권리는 최대 행복의 원리(즉, 효용성)에 기본이 되고, 사람들이 다른 어떤 쾌락을 즐길 수 있으려면 반드시 보호되어야 할 요소다.

그러나 권리의 근거를 효용성에 두게 된 함축적인 의미를 검토할 필요가 있다. 밀이 인정하듯, 권리의 근거를 효용성에 둔다는 말은 만일 효용성의 관점에서 좀더 절박한 관심사가 있다면 권리는 침해될 수 있다는 뜻이 되기 때문이다. 밀은 이런 일이 생기는 경우는 매우 희박하고, 권리는 가장 중요한 행복의 기준 가운데 하나라고 주장할 것이다. 그러나 공리주의는 행복의 총량에 주안점을 두고 있는 이론이기 때문에 선의 총합을 높이기 위해 어떤 개인의 권리를 침해할 여지가 엿보인다. 따라서 우리는 효용성이 개인을 충분히 보호할 수 있느냐, 하는 질문을 던져야 한다. 밀은 이 이론이 제공하는 보호가 작을지는 몰라도 정당화될 수 있는 유일한 보호라고 주장할 것이다.

Review

다음 질문에 대해 간단히 서술하시오.(ー부분은 참고만 할 것)

1. 정의에 대한 밀의 설명은 개인에게 충분한 보호를 제공하는가? 밀은 어떤 보호를 제공하는가? 그리고 이 보호가 실패할 수 있는 경우는?

ー 밀의 설명은 개인에 대해 약간의 보호를 제공한다. 개인적 권리는 분명히 존재하고 효용성에 바탕을 두고 있으며, 인간의 복지에 필수적인 요소다. 따라서 그 권리들은 다른 효용적 관심사와는 달리 구속력을 갖는다. 개인은 개인적인 안전이 사회 전체의 안전에 필수적이기 때문에 보호된다. 이 같은 보호가 충분한지의 여부는 규명하기 어려운 문제다. 밀이라면 개인들은 충분히 보호받고 있으며, 권리가 효용성의 맥락 밖에 존재한다는 말은 비논리적이라고 주장할 것이다. 더구나 공리주의 철학에서는 모든 개인의 행복은 동등한 가치를 지닌다. 특별한 경우에 한해 어떤 사람의 권리가 침해될 수 있지만, 그 사람이 다른 사람보다 더 중요하게 대접을 받기 때문에 그런 것이 아니다. 그러나 공리주의는 행복의 총합을 중시함으로써 개인의 존재를 왜소화시킨다는 주장이 나올 수 있다. 권리의 침해가 행복의 총량을 증진시킬 수 있는 상황을 제시하는 것 역시 어려운 일이 아니다. 심지어 권리가 매우 중요하게 다뤄지더라도 소수의 사람들에게 고통을 감수하도록 강요하는 것이 사회 전체에는 이익이 될

수 있는 경우도 있음직하다. 예컨대, 남북전쟁 이전의 남부에 거주하던 노예 소유주들은 노예제도와 관련하여 이런 주장을 펼칠 수 있었을지 모를 일이다. 그렇게 되면, 관심사는 개인의 권리가 계산에 수반되어 일어나는 영역으로 남겨진다.

2. **효용성을 모든 쾌락을 판단하는 유일한 기준으로 삼을 경우, 장점과 문제점은 무엇인가? (쾌락을 계량화하는 문제에 초점을 맞출 것)**

— 효용성을 모든 쾌락을 판단하는 단 하나의 기준으로 삼을 때 얻을 수 있는 가장 큰 장점은 다양한 종류의 행복을 서로 비교할 수 있다는 점이다. 사람들이 행복의 평등이 바람직하다거나 가장 행복하지 않은 사람이 가능한 한 행복을 누려야 한다고 생각하든 말든, 다양한 사람들과 다양한 종류의 행복을 상호 비교하는 방법을 확보하는 일은 여전히 필요하다. 효용성은 정확히 이런 종류의 비교를 가능케 하는 단 하나의 잣대를 제공하기 때문이다. 이 단일 잣대는 사람들이 다양한 정책적 조치로부터 어떻게 이익을 얻거나 피해를 보고 있는지에 대해 실제적 측정 수단이 필요한 공공정책 분야에서 특히 중요하다. 그러나 행복을 판단할 경우에 단 하나의 기준만 적용해도 문제의 소지가 있다. 예컨대, 단일 기준을 부적절하게 적용하면 어떤 종류의 쾌락들은 평가절하될 것이라는 주장이 나올 수 있다. 좋은 건강 상태로부터 얻어지는 쾌락을 텔레비전 시청에서 오는 쾌락과 어찌 비교할 것인가? 건강이 텔레비전 시청보다 크게 중요시되긴 하지만 두 쾌락은 종류가 다르다는 주장이 나올 수도 있다. 그러나 이 두 가지를 단순 비교하는 행위에는 이들 두 가지가 본질적으로 같은 종류라는 전제가 깔려 있다. 경험을 사람들의 행복지수에 따라 등급화해야 하는지의 문제 이외에 행복의 측정방법에 대한 문제도 제기되고 있다. 많은 사람

들이 심리적으로는 '행복'의 징조를 유지하면서도 실제로는 극단적인 고통에 맞서고 있다. 그러나 사람들이 '행복한 상태'를 유지할 수 있다는 사실이 실제로 잘 살고 있다거나 양질의 삶을 살고 있다는 뜻은 아니다. 따라서 이런 단일 기준은 본의 아니게 불평등과 참담한 고통을 은폐하는 데 이용될 수 있다. 우리는 이 문제를 통해 행복이 도덕적 관심사를 판단하는 정확한 기준인지를 의심해 보아야 한다.

3. **밀은 왜 공리주의가 이론적으로 증명될 수 없다고 말하는가? 그가 이 이론을 주창하면서 내세우는 '고려사항들'은 무엇인가?**

— 밀은 철학적 주장들의 기본적 토대가 되는 제1원리를 증명할 수 없기 때문에 공리주의의 정당성을 입증할 수 없다고 말한다. 제1원리는 검증할 수 있는 사실들이 아니라 그런 사실들이 이치에 맞도록 하는 이론적 체계를 나타낸다. 따라서 공리주의는 효용성을 제1원리로 삼는 이론적 논거이기 때문에 전통적인 의미에서는 정당성을 증명할 수 없다. 그러나 밀은 공리주의를 좀더 넓은 의미에서 증명할 수는 있다고 주장하고, 우리는 제1원리를 임의로 선택할 필요는 없지만 기존 원리에 대한 찬성이나 반대 논리를 숙고하는 일은 가능하다. 따라서 밀은 저서에서 공리주의를 뒷받침하는 (증거에 반대되는) 고려사항들을 제시하려 하고, 우리가 어떤 사물들을 욕구하는 이유는 그것들이 행복을 가져다주는 수단이거나 우리가 규정해 놓은 행복의 범주 속에 포함되기 때문이라고 주장한다. 행복은 인간 문명의 번영이나 원하는 사물의 획득 같은 일반적인 개념들을 포함하고 있는 것으로 그 의미를 넓게 파악해야 한다는 것. 이런 설명의 이론적 타당성에 관한 판단은 독자 스스로의 몫이라고 밀은 말한다. 그러나 심지어 이 설명이 맞는다고 치더라도, 밀은 사람들이

스스로의 행복이 아니라 일반 행복에 관심을 가져야 한다는 것을 증명하지는 않고, 도덕성은 모든 사람에게 불편부당해야 한다고 믿기 때문에 단순히 그런 관념을 취할 뿐이다. 그렇긴 해도 그가 이것을 '증명'하지 못했기 때문에 그의 논거를 약화시키는 것 같다.

4. 밀은 행복을 어떻게 규정하는가? 행복은 측정수단으로서의 효용성에 어떤 영향을 미치는가?

5. 밀은 왜 자신의 이론이 궁극적인 제재의 개념을 허용한다는 사실을 보여주려고 주력하는가? 당신은 처벌(궁극적인 제재)이 도덕의 본질이라는 밀의 주장에 동의하는가?

6. 파멜라는 숲을 산책하다가 다섯 명의 사람을 죽이려는 한 사내와 우연히 맞닥뜨린다. 사내는 그녀에게 다섯 명 가운데 한 명을 죽이면 나머지 네 사람을 풀어주겠다고 말한다. 파멜라에게는 그 사내가 정말 그 약속을 지킬 것이라고 생각할 만한 근거가 있다. 밀이라면 이때 그녀가 어떻게 행동해야 한다고 말하겠는가? 당신이 그렇게 생각하는 이유는? 당신이 밀의 생각에 동의하지 않는다면, 그 이유는?

7. 불편부당의 원칙은 공리주의를 주창하는 밀의 주장과 어떻게 조화를 이루고 있는가? 도덕에는 불편부당이 필수적이라는 그의 가정은 옳은가?

8. 밀은 〈공리주의〉의 상당 부분을 공리주의에 대한 기존 비판을 체계적으로 반박하는 데 활용하고 있다. 이것은 밀이 자기의 주장을 제시하는 데 어떻게 영향을 주고 있는가?

9.   밀의 이론에서 교육과 사회화의 역할은 무엇인가? 밀은 사람들의
     가치가 어느 정도나 사회적 환경에 의해 형성된다고 보는가?

다음 질문에 알맞은 답을 고르시오.

1. 존 스튜어트 밀이 공리주의를 주창하는 저서를 집필한 시기는?

   A. 17세기

   B. 19세기

   C. 12세기

   D. 20세기

2. 다음 저술가 가운데 공리주의의 주요 지지자는 누구인가?

   A. 제레미 벤덤

   B. 임마누엘 칸트

   C. 카를 마르크스

   D. 존 롤스

3. 다음 중 밀이 공리주의에 대한 잠재적인 비판론의 내용이라고 제시한 것은?

   A. 공리주의는 높은 차원의 쾌락과 낮은 차원의 쾌락이 지닌 차이를 제대로 설명하지 못한다.

   B. 공리주의는 무신론이다.

   C. 덕이 행복보다 중요하다.

   D. 전부

4. 다음 중 밀이 주장하는 정의는

   A. 실용적인 효용성보다 중요하지 않은 고려 사항이다.

   B. 사회적으로 유용하기 때문에 매우 소중하다.

   C. 효용성과 무관하게 존재하는 기준에서 보면 소중하다.

D. 사회적 효용성과 대립된다.

5. **다음 중 '내적인 제재'의 사례로 적당한 것은?**

   A. 악행을 저질러 투옥되는 것에 대한 두려움

   B. 악행을 저질러 신에게 벌을 받는 것에 대한 두려움

   C. 악행을 저지른 당사자의 죄책감

   D. 전부

6. **밀은 과학의 기본 원리도 도덕성의 기본 원리만큼 뜨겁게 논란이 되고 있다고 지적한다. 다음 중 이 두 논쟁의 차이점은?**

   A. 제1원리의 결여는 도덕의 경우 더욱 심각하다.

   B. 제1원리의 결여는 과학의 경우 더욱 심각하다.

   C. 도덕은 결코 제1원리가 필요하지 않다.

   D. 과학은 결코 제1원리가 필요하지 않다.

7. **효용성은 다음과 같이 정의할 수 있다.**

   A. 쾌락에 반대되는 유용성

   B. 동물적인 욕망의 충족

   C. 고통의 부재와 쾌락

   D. 지속적으로 황홀한 흥분이 이어지는 상태

8. **공리주의에 따르면 사람들의 행위가 도덕적으로 정당한 때는 언제 인가?**

   A. 행위자의 이익과 복지를 증진시킬 때

   B. 일반 행복을 증진시킬 때

   C. 덕스러운 사람들에 의해 행해질 때

   D. 결과에 관계없이 정당한 원리를 따랐을 때

9. 덕스러운 사람들은 대체로 자신의 행복을 포기한 순교자였다는 비판에 대한 밀의 대답은?

A. 순교는 일반적인 선을 위해 자신의 행복을 희생했기 때문에 유일하게 가치가 있다.

B. 순교는 사실 덕스러운 행위가 아니다.

C. 순교자는 항상 다른 사람들보다 훨씬 행복하다.

D. 덕은 도덕적으로 유효한 판단 기준이 아니다.

10. 밀이라면 도덕적 관점에서 최고의 행위라고 판단할 만한 것은?

A. 도덕적인 의무감에서 물에 빠진 사람을 구해 주는 행위

B. 유명해지고 싶은 욕심 때문에 물에 빠진 사람을 구해 주는 행위

C. 보상금이 탐나 물에 빠진 사람을 구해 주는 행위

D. 모두 똑같이 선한 행위다.

11. 어떤 행위가 최고의 선을 낳을지 계산할 시간이 충분하지 않다는 비판에 대해 밀은 어떻게 주장하는가?

A. 사람들은 시간을 더 많이 들여서라도 자신들의 행위를 심사숙고해야 한다.

B. 이것은 모든 윤리 이론에 적용되는 제한 사항이다.

C. 사람들은 그런 행위들이 낳을 만한 결과를 알고 있기 때문에 행위할 때마다 제1원리의 기준에 견줘 평가할 필요가 없다.

D. 밀의 논문을 읽고 나면 누구나 필요로 하는 모든 지침을 얻게 될 것이다.

12. 의무감은 타고난 것인가, 후천적으로 터득된 것인가를 둘러싼 논쟁에서 밀은 자기 이론의 목적을 달성하기 위해 어떻게 주장하는가?

A. 그 두 가지의 차이는 중요하지 않다. 어느 쪽이든 사람들은 공리주의적인 목적을 증진시킬 의무감을 느낄 수 없기 때문이다.

B. 그 두 가지의 차이는 중요하지 않다. 어느 쪽이든 사람들은 공리주의적인 목적을 증진시킬 의무감을 느낄 수 있기 때문이다.

C. 의무감은 분명히 타고난 감정이다.

D. 의무감은 분명히 후천적으로 터득되는 감정이다.

13. **다음 중 밀이 공리주의에 찬성하는 감정 상태가 자연적인 것이라고 주장하면서 제시한 이유는?**

A. 인간은 다른 사람들의 이익을 배려해야 하는 사회적 동물이기 때문이다.

B. 인간은 사회의 다른 구성원들이 추진하는 계획들을 인식할 사회 계약상의 의무가 있다는 것을 인식하기 때문이다.

C. 공리주의는 실용적인 논리의 산물이기 때문이다.

D. 모두 해당되지 않음

14. **인위적인 감정이 자연적인 감정과 구별되는 이유는 무엇인가?**

A. 인위적인 감정은 사회생활 과정에서 취득되지만, 자연적인 감정은 자연 상태에서 취득된다.

B. 자연적인 감정은 타고나는 반면, 인위적인 감정은 학습된다.

C. 자연적인 감정은 저속하지만, 인위적인 감정은 세련되어 있다.

D. 인위적인 감정은 깊이 성찰하면 포기하게 되지만, 자연적인 감정은 그렇게 되지 않는다.

15. **밀은 사람들이 덕을 목적으로 간주한다는 반대론을 어떻게 반박하는가?**

A. 덕은 행복을 얻는 유일한 수단이다.

B. 덕은 쾌락의 다른 이름이다.

C. 덕은 행복의 일부가 될 수 있다.

D. 모두 해당되지 않음

16. **밀이 공리주의에 대한 제레미 벤덤의 해석에 반대한 이유는 무엇인가?**

A. 너무 감정에 치우쳤기 때문

B. 행복에 대한 정의가 빈약하기 때문

C. 유일한 목적이 쾌락이었기 때문

D. 전부

17. 밀이 공리주의의 정당성에 대한 궁극적인 증명을 '사려 깊은 독자'의 몫으로 남겨둔 이유는 무엇인가?

A. 경험론적인 문제에 바탕을 두고 있기 때문

B. 대답은 오로지 자기성찰과 관찰에 의해 이해될 수 있기 때문

C. 제1원리는 논리로 증명될 수 없기 때문

D. 전부

18. 만약 어떤 사람이 다른 사람의 목숨을 구하기 위해 거짓말을 해야 하는 상황이 생길 경우, 밀이라면 어떻게 주장할까?

A. 거짓말을 해야 한다. 목숨을 구하는 행위의 효용성이 정의를 주장하는 행위의 효용성보다 크기 때문이다.

B. 이런 난제에는 도덕적으로 올바른 답을 제시할 수 없다.

C. 거짓말은 무조건 나쁜 행위이기 때문에 거짓말을 하면 안 된다.

D. 올바르다고 느끼는 대로 행동해야 하며, 자신의 인격에 따라야 한다.

19. 다음 중 밀이 '정의(正義)'라는 단어의 일반적인 의미라고 제시한 것은?

A. 자신이 마땅히 누릴 만한 것을 받는 것

B. 약속을 위반하지 않는 것

C. 부적절하게 편애를 드러내지 않는 것

D. 전부

20. 밀은 강제성을 띠지 않는 의무를 어떻게 정의하는가?

A. 어느 누구도 자기 이익을 위해 행해지도록 요구할 권리가 없는 의무

B. 사람들에게 그것이 행해지도록 요구할 권리가 있는 의무

C. 정당한 법적 의무

D. 법에 명시되어 있지 않지만, 여론에 반영되어 있는 의무

21. 인간의 자기방어 본능과 동물의 자기방어 본능은 어떤 점에서 다른가?

A. 인간은 동물보다 지적으로 우월하며, 따라서 동물들보다 훨씬 넓은 대상에 대해 동정심을 느낄 수 있다.

B. 동물은 인간보다 자연 세계와 더 많이 접하고 있다.

C. 동물은 자연 상태에 있지만, 인간은 사회계약을 맺고 있다.

D. 인간과 동물의 본능은 실질적으로 똑같다.

22. 밀이 권리의 바탕이라고 주장하는 것은?

A. 사회계약

B. 자연법

C. 효용성

D. 정언명법(양심의 절대적 도덕률. 칸트가 제시한 용어)

23. 밀은 정의에 대한 요구가 그토록 큰 것은 다음 중 무엇과의 관계 때문이라고 보았는가?

A. 안전

B. 사회계약

C. 효용성과 무관한 객관적인 주장

D. 전부

24. 다음 중 밀이 정의(正義)에 관련된 의견 충돌의 사례로 묘사한 것은?

A. 처벌 시기

B. 처벌 수위

C. 세금 징수 방법

D. 전부

25. 밀이 권리가 확립될 수밖에 없다고 주장하는 이유는?

A. 현대 사회는 거의 오류가 없기 때문에

B. 권리를 보호하는 데 강한 공리주의적 이해관계가 걸려 있기 때문에

C. 권리를 침해할 만한 마땅한 이유가 결코 없기 때문에

D. 모두 해당되지 않음

정답

1. B 2. A 3. D 4. B 5. C 6. A 7. C 8. B 9. A 10. D

11. C 12. B 13. A 14. D 15. C 16. B 17. D 18. A 19. D 20. D

21. A 22. C 23. A 24. D 25. B

一以貫之

논술노트

효용은 정의의 기준이 될 수 있는가? ○

실전 연습문제 ○

一以貫之는 '논어'에 나오는 말로 '모든 것을 하나의 이치로 꿴다'는 뜻입니다.

논술의 주제와 문제 유형, 제시문들은 참으로 다양하고 가지각색입니다. 그러나 그 모든 것을 하나로 꿸 수 있습니다. '인간사회의 보편적 문제들에 대한 근원적인 물음에 답하는 자기 나름의 견해'라는 것이지요. 논술은 인간이면 누구나 부닥치는 개인적 또는 사회적 문제들에 대한 자기 나름의 고민이자 성찰입니다. 논술은 자기견해, 자기 가치관, 자기 삶에 대한 솔직한 고백입니다.

一以貫之 논술연구모임은 '자신의 물음'과 '자신의 생각'을 갖고 '자신의 글'을 쓸 수 있도록 도와줍니다.

〈집필진〉
김재년, 이호곤, 우한기, 박규현, 김법성, 김병학, 도승활, 백일, 우효기, 조형진

효용은 정의의 기준이 될 수 있는가?

▌ 公利? 共利? 功利! 주의

암기능력을 테스트하는 시험에 너무 잘 적응해서인지, 고등학교를 졸업한 지 20여년이 지난 지금도 '공리주의' 하면 떠오르는 것이 '최대 다수의 최대 행복(The greatest happiness for the greatest number)'이라는 유명한 표어다. 더불어 왠지 공리주의에 대한 적절한 한자 표기는 公利나 共利가 되어야 할 것 같은 생각을 해왔다. 즉 모두 또는 공공의 이익을 최고 가치로 삼는 주의. 아마도 '최대 다수의 최대 행복'이란 표현이 갖는 애매함 때문일 것이다. 그러나 공리주의의 한자 표기는 '功利主義'이고 영어 원문은 'utilitarianism'이다.

'utilitarianism'은 'utility'에서 파생된 단어다. 'utility'는 경제학, 특히 미시경제학에서 가장 중시되는 개념이자 용어로서 우리말로는 '효용'을 뜻한다. 미시경제학의 가장 중요한 주제는 '효용'에 따른, 즉 투자 대비 최대의 이윤이라는 동기로 작동되는 개별 주체들의 행위를 경제학적인 모델과

수식으로 도출해냄과 동시에 개별 주체들의 행위의 총합, 즉 시장을 분석하는 것이다.

공리주의와 경제학에서의 효용의 차이점은 그 효용의 방향성과 그 효용이 개별 주체들에게 미치는 영향력의 차이에 있다. 경제학에서의 효용은 개별 주체들의 '효용'으로 제한되고 효용에 따르는 인간 주체들의 행위 자체에 초점을 맞추지만(인간 행위는 최대 효용을 추구한다고 전제되고 분석되지만 그 행위가 강제되지는 않음), 공리주의의 효용은 개별 주체를 넘어 지역사회와 공동체의 효용으로 그 범위가 확대되며 인간 행동의 윤리와 규범으로서의 효용에 중점을 둠으로써 그 행위에 효용에 따른 강제성을 부여한다. 즉 공리주의는 효용이란 경제학적 행위 판단의 개념을 일반윤리 차원의 판단기준으로 확장하려는 시도이면서, 동시에 효용을 윤리적 옳고 그름의 근거로 삼아 개인을 강제할 수 있는 규범으로 전환시키고자 한 시도다.

'모두 또는 공공의 이익을 최고 가치로 삼는 이념'이란 말은 사회주의 내지는 공산주의적 사고의 한 변형이자 지나치게 시장의 자유를 부르짖은 기존 자본주의에 대한 급진적 개혁의 시각처럼 여겨진다. 따라서 부정적인 입장도 있을 수 있지만, 최소한 공동체적 정의의 문제를 최고의 화두로 여기는 윤리적 이론이라는 느낌을 준다. 반면, 'utilitarianism'이라고 하면 어디까지나 주관적 개념인 '효용'을 최고의 가치로 하고, 그것을 사회의 일반적 윤리 기준으로 삼기 위해 효용의 범위를 사회적 차원으로 확장시킨 결과 '최대 다수의 최대 행복'이란 기준을 제기하는 것으로 생각된다. 그리고 둘은 비슷한 듯해도 크게 다르며, 공리주의의 본질은 당연히 후자다. 공리주의의 사상적 토대를 구축한 제레미 벤덤과 존 스튜어트 밀이 모두 철학자이면서 경제학자였다는 사실은 공리주의 사상과 경제학과의 태생적 인연을 짐작케 한다.

　　공리주의를 객관적으로 이해하기 위해서는 먼저 이처럼 애매하면서도 막강한 오해에서 자유로워져야 하는데, 그러려면 '공리주의'보다는 '효용성주의' 또는 '효용주의'라고 불러야 　벤덤이나 밀의 견해가 지니는 특징이 더 잘 드러난다.

　　이쯤 되면 공리주의적 판단 기준은 현대인들, 특히 현대의 정책입안자들이 이미 철저히 체화하고 내면화한 일상적 도덕률이자 윤리 기준이라는 점을 알 수 있다. 급진적이고 혁명적인 현실 변혁의 가능성을 제기하는 것이 아닌(윤리 이론이 원래 그런 거겠지만), 최고의 효용성이 우리가 지향해야 할 최고의 가치 기준이 되었다는 것이다.

▌ 벤덤

인류는 고통과 쾌락이라는 자연의 두 주권자에게 지배당해 왔다. 지금 무엇을 하지 않으면 안 되는지 지시하고, 또 앞으로 무엇을 해야 할지 결정하는 것은 바로 그 고통과 쾌락이다. 한편으로는 선악의 기준이, 다른 한편으로는 원인과 결과의 고리가 이 지배자의 옥좌에 연결되어 있다. 고통과 쾌락이란 우리가 하는 모든 일, 말하는 모든 것, 생각하는 모든 문제에 개입하여 우리를 지배한다. 이와 같은 종속에서 벗어나려 아무리 노력해도 소용없다. 벗어나려 노력하면 할수록 종속이란 족쇄는 점점 더 우리를 강력하게 죄어올 것이다. 어떤 사람은 이러한 고통과 쾌락이란 제국을 말로는 버렸다고 할 수 있을지 모르지만, 그가 실제로 그 제국의 영역을 빠져나왔다고 할 수는 없다. 효용성의 원리는 마치 인간조건과도 같이 달라붙어 있는 그러한 종속을 인정하고, 그러한 종속의 기초 위에 사상체계를 구축한다.

―제레미 벤덤 〈도덕과 입법의 원리에 관한 입문〉

"인류는 고통과 쾌락이라는 자연의 두 주권자에게 지배당해 왔다"라고 선언하는 순간, 인간은 쾌락을 증대시키고 고통을 줄이는 것을 삶의 목적으로 삼을 수밖에 없다. 그리고 바로 이 '쾌락을 증대시키고 고통을 줄이는' 구체적인 전략이 바로 효용성의 원리가 되는 것이다. 그럼, 결론은 간단하게 도출된다. 각자가 최대한 자유롭게 효용의 전략에 따라 고통을 줄이고 쾌락을 늘리는 삶을 추구하면 '최대 다수의 최대 행복'은 가능해지는 것이다.

여기서 철저히 주관적 관념인 효용을 윤리적 기준으로서 객관화시킬 필요가 생긴다. 벤덤은 가치들 사이의 차이나 그 차이를 정당화시킬 객관적 기준을 인정하지 않았다. 개중에는 호떡 한 개가 시 한 편보다 효용이 크다고 생각하는 부류도 있다는 거다. 그래서 벤덤에게는 '효용이라는 점에서, 푸슈킨('삶이 그대를 속일지라도…'로 이어지는 시로 유명한 러시아 시인)과 푸시핀(압정)이 다를 바 없다.' 따라서 그는 객관적 가치의 기준보다는 개인적 효용을 강도, 지속성, 확실성, 근접성, 번식성, 순수성, 영향력이 미치는 범위 등 7가지 기준으로 정량화해서 측정하는 데 관심을 기울였다. 여러 정책 가운데 하나를 선택하고자 할 때, 효용의 크기를 비교할 수 있어야 하기 때문이다. 효용을 모든 종류의 쾌락을 판단하는 단일한 기준으로 삼게 되면 다양한 질적 차이를 지니는 행복을 비교할 수 있게 된다.

그러나 쾌락과 고통의 크기를 계량화해서 서로 비교해 보려는 벤덤의 시도는 엄청난 비판에 직면한다. 사람마다 추구하는 가치가 다르다는 점을 무시하고 산술적 계산을 시도하는 행위는 결코 보편적 윤리의 기준으로 작용할 수 없다는 것. 결국 벤덤은 경제학에서 개인적 행위의 동기를 설명하는 개념인 효용을 보편적 인간 행위의 규범으로 무차별적 대응시키려고 했다는 비판을 받게 된다. 지나치게 개인적이며 물질적 기준밖에는 제공하지 못하기 때문에 윤리학으로 성립하기에는 부족하다는 것. 그리고 바로 이 점에서 벤덤의 충실한 후계자 밀은 벤덤과의 거리를 선언한다.

밀의 공리주의
─차라리 불만을 느끼는 소크라테스가 낫다

밀도 효용과 최대 행복의 원리를 도덕의 기초로 삼는다. 사람이 진정으로 갈망하는 것은 행복 이외에는 없다고 확신하고, 행복을 증진시키는 것은 옳은 행동이고 그 반대는 그른 행동이 된다고 주장하는 것. 여기서의 행복이란 '쾌락, 그리고 고통이 없는 상태'를 말한다. 결국 고통으로부터의 자유와 쾌락이야말로 목적으로 추구되어야 하는 유일한 것이 된다.

밀은 행복의 증진에 도움이 되는 것을 효용이라고 부르고, 이 기준에 따라 도덕률을 확립하고자 했다. 그러나 벤덤과 결정적으로 갈라지는 부분이 발생한다. 벤덤은 동일한

효용이란 측면에서 푸슈킨이나 푸시핀이나 차이가 없다고
했지만, 밀은 시 한 편이 호떡 열 개보다 소중하다고 믿는 것.

　　어떤 종류의 쾌락이 다른 것보다 더 바람직하고 가치 있다
는 사실을 인정한다고 해서 공리주의 원리와 어긋나는 것은 결코
아니다. 다른 것을 평가할 때는 양뿐 아니라 질도 고려하면서, 쾌
락에 대해 평가할 때는 오직 양만을 따져보아야 한다고 말한다면
전혀 설득력이 없다.
　　쾌락의 질적 차이가 무슨 뜻이냐 또는 양이 더 많다는 것을
제외하고 어떤 쾌락을 보통의 다른 쾌락보다 더 가치 있게 만드
는 것이 무엇이냐고 질문한다면, 이에 대해 할 수 있는 대답은 하
나뿐이다. 만일 두 가지 쾌락이 있는데, 이 둘을 모두 경험해 본
사람 전부 또는 거의 전부가 도덕적 의무 같은 것과 관계없이 그
중 하나를 더 뚜렷하게 선호한다면, 그것이야말로 더욱 바람직한
쾌락이라 할 수 있을 것이다. 그 둘에 대해 확실하게 잘 아는 사람
들이 엄청난 불만족이 따를 수 있다는 것을 잘 알면서도, 그리고
쾌락의 양이 적더라도 어떤 하나를 분명하게 더 원한다면, 우리는
그렇게 더욱 선호되는 즐거움이 양의 많고 적음을 사소하게 만들
정도로 질적으로 훨씬 우월하다고 규정해도 될 것이다.
　　　　　　　　　　　　　　　　　—존 스튜어트 밀 〈공리주의〉

　　밀은 인간의 쾌락은 동물적인 쾌락보다 훨씬 고차원적

인 개념이라고 주장한다. 인간은 선천적으로 자신의 고등한 지적 능력을 인식하고 있으므로 미개한 상태로 머무는 것을 좋아하지 않는다는 거다. 따라서 행복은 인간이 자신의 고차원적인 지적 능력을 최대한 발휘하고 있음을 나타내는 증거가 된다. 물론, 저급한 쾌락도 있지만, 모든 쾌락이 저급한 것은 아니다. 오히려 어떤 쾌락은 다른 쾌락보다 본질적으로 가치가 더 크다고 보는 것이 옳다. 따라서 어떤 행동을 놓고 도덕적인 판단을 내릴 때 밀의 공리주의는 쾌락의 양뿐만 아니라 질도 고려한다.

밀은 쾌락의 질적인 차이를 나누는 법에 대해서도 설명한다. 어떤 쾌락을 선택할 때 그것을 다른 쾌락보다 우선시하거나 그것을 보다 총량이 큰 다른 쾌락과 맞바꾸려 하지 않는다면 그것이 바로 고급 쾌락이란 거다. 그리고 사람들이 모든 종류의 쾌락에 똑같이 접근할 수 있는 상황에 놓였을 때 자신의 '고등한' 지적 능력에 부합하는 쾌락을 선호하리란 점은 의심의 여지가 없는 사실이라고 덧붙이면서 유명한 말을 남긴다.

만족해하는 돼지보다 불만족스러워하는 인간이 되는 것이 더 낫다. 만족해하는 바보보다 불만족해하는 소크라테스가 더 낫다. 그리고 바보 또는 돼지가 다른 생각을 갖고 있다면, 그것은 그들이 그 문제에서 자기가 속한 한쪽 측면만을 알고 있기 때문이다.

밀은 쾌락의 질적 차이를 인정함으로써 지나치게 물질적 기준밖에는 제공하지 못한다는 비판으로부터 벗어나려고 하는 동시에 효용원리를 사회적 차원으로 작동하는 윤리로서의 성격을 강화한다.

공리주의의 기준은 행위자 자신의 최대 행복이 아니라 모든 사람의 행복을 한데 합친 총량이다. 물론 고상한 인품의 소유자가 그런 특질 때문에 언제나 더 행복하게 사는 것은 아니라고 반론을 제기할 수 있겠지만, 적어도 그것이 다른 사람들을 더 행복하게 하고, 그 결과 전체적으로 볼 때 이 세상에 크게 도움이 된다는 사실을 부인할 수는 없다.

이쯤 되면 밀의 공리주의는 하나의 윤리 사상으로 큰 문제가 없어 보인다. 직관적으로 보면 공리주의는 상당히 훌륭한 도덕규범처럼 생각되고, 사회 전체적으로 양(陽)의 효용이 되는 행위가 옳은 행위라는 윤리규범에 개념적으로는 그다지 문제가 될 부분은 없어 보이는 게 사실이다. 더구나 최대 행복의 원리와 최대 행복에 대해 효용이라는 단일 기준으로 판단을 시도한 것은 다양한 종류의 행복을 서로 비교할 수 있게 해준다는 장점이 있다. 일정한 강제를 띤 윤리가 되기 위해선 다양한 행위를 공통 기준으로 비교하고 측정할 필요가 분명히 있으며, 공리주의가 내세우는

효용이란 잣대는 이 과정을 충실히 수행해 준다. 특히 공공
정책의 분야에서 이런 단일한 기준의 필요성은 더욱 중요
해진다. 이런 점에서 실제로 윤리학에 많은 긍정적 영향을
주기도 했다.

효용은 정의의 기준이 될 수 있는가?
-효용의 계산 불가능성과 엘리트주의적 속성

그러나 옳고 그름의 문제를 효용의 문제만으로 여기기
에는 몇 가지 문제가 남는다.

다들 기억할 것이다. '용산 참사.' 재개발을 통한 경제
적 이익의 확보를 놓고 세입자와 건축업자들, 그리고 공권
력 사이에서 벌어졌던 끔찍한 충돌을. 재개발은 낙후된 지
역에 일정한 정비를 가함으로써 지역 전체의 경제적 가치
를 높이는 행위다. 그리고 행복의 총량을 증진시키는 행위
란 점에서 효용성을 충족시킨다. 따라서 공리주의적 가치
판단에 따르면 정당한 행위가 된다. 하지만 어디 그런가?
그 과정에서 소외당하고, 기본적인 생존권마저 박탈당하는
사람들의 고통은 어떻게 보상이 되는가? 그 고통으로 인한
행복의 총량 감소와 경제적 이익을 통한 쾌락의 증대는 엄

격히 계산이 가능한 것인가? 4대강 개발계획의 과정에서 얻어지는 개발업자들의 쾌락의 총량 증가분과 그 과정에서 파괴되는 지역민들의 삶의 고통의 증가는? 또 그 과정에서 파괴되는 환경의 가치는 어떻게 계산이 가능한 것인가? 경쟁위주의 교육환경을 통해 국가 경쟁력을 확보하는 정책을 펼치는 과정에서 소외당하는 저소득 저학력 학생들의 고통은 어떻게 보상이 되는가? 공리주의는 이런 상황에서 모두가 납득할 만한 윤리적 기준을 제공해 주는가?

결국 공리주의가 지니는 가장 큰 약점은 효용의 계량화가 불가능하다는 것이다. 이 점은 윤리로서의 공리주의를 무너뜨리는 근거가 된다. 예를 들어 6, 70년대 박정희 대통령의 장기집권이 국민기본권을 제한함으로써 입힌 사회적 공리의 손실과 고도의 경제성장을 유지함으로써 늘어난 사회적 공리를 누구나 동의하는 방식으로 정확하게 계량할 수 있을까?

황우석 박사 사건 역시 같은 사례가 된다. 그가 연구윤리를 무시하긴 했지만 대단한 과학적 성과를 올린 것으로 잘못 알려졌을 때 많은 사람들이 그 성과가 가져올 사회적 편익이 크기 때문에 생명윤리와 연구윤리를 조금 무시한 것은 그리 대수롭지 않다고 생각했던 적이 있다. 그러나 생명윤리와 연구윤리라는 사회적 규범을 무시한 대가는 연구성과가 가져온 편익과 비교할 수 없을 만큼 클 것이라고 생각한 사람들, 아무리 편익이 크더라도 생명과 양심을 해치면서까지 얻고 싶지 않다는 사람들이 있었다. 양측 가치의 충돌에 대해 공리주의가 제시하는 해결책은 명백히 연구 지지 쪽이다. 하지만 그런 정량 분석에 결코 동의하지 않는 사람들의 존재에 대해 공리주의가 제시할 수 있는 해결책이 있는가?

하나의 이론이 윤리로서 규범적 가치를 지니려면, 객관적으로 옳은 행위가 무엇인지 알 수 있어야 한다. 그러나 공리주의가 제기하는 '최대 다수의 최대 행복'이란 기준은 이런 정량적 분석을 원천적 한계에 부닥치게 하기 때문에 규범으로서의 작동 근거를 상실하게 된다.

또한 공리주의는 '최대 다수의 최대 행복'을 추구함으로써, 타자를 배제시킬 수 있는 가능성을 내포한다.

도덕적인 속성이나 그 결과와 상관없이 두 종류의 쾌락 가운데 어느 것이 더 가치 있는지, 또는 두 가지 삶의 방식 중에서 어느 것이 더 가치 있는지, 또는 두 가지 삶의 방식 중에서 어느 것이 더 쾌적한 기분을 안겨줄지 결정해야 할 때, 각각에 대해 정통하고 있다고 인정되는 사람들, 또는 이들의 생각이 서로 일치하지 않는다면 그 중 다수의 판단이 가장 존중되어야 한다.

효용의 판단을 '전문가와 다수'가 맡는다는 논리다. '전문가와 다수'라는 판단 근거는 논리적으로는 별 문제가 없어 보이지만, 현실에서는 심각한 문제가 될 수 있다. '전문가와 다수'라는 말은 현실에서는 대개 그 사회의 '주류'를 일컫는 표현이 되기 때문이다. 결국 한 사회의 효용 판단을 철저히 그 사회의 주류에 맡기자는 말이 된다.

효용을 윤리적 기준으로 삼을 경우, 우리가 우리 사회의 효용을 논하는 데 사회의 주류들만이 논의의 장에 참여할 가능성이 높고, 국제사회가 세계의 효용을 논하는 데 세계의 주류들만이 그 장에서 목소리를 낼 가능성이 높다. 더 큰 문제는 그 논의의 장에서는 참여하지 못한 비주류들, 타자들의 문제는 논의조차 안 될 확률이 높다는 것이다. 타자의 권리와 고통에 대한 고민 없이 최대 다수의 주류, 즉 강자들만이 최대 행복을 누리는 것이 옳다고 말할 수 있는가? 윤리는 곧 정의이고, 정의는 모두에게 정당한 삶이 제공되는 것이다. 그런 점에서 효용을 윤리의 단일한 기준으로 삼는 공리주의는 윤리로서의 자격에 의심의 여지를 남긴다.

▌밀의 공리주의가 갖는 의미와 한계

쾌락에 질적인 차이를 인정하고, 행위자 자신뿐 아니

라 관련되는 모든 사람의 행복을 포함할 것을 요구하는 밀의 견해는 기존의 공리주의가 갖는 한계를 긍정적으로 극복한다. 밀이 기존의 공리주의의 한계를 극복하면서 동시에 공리주의와 두 원칙인 효용과 최대 행복의 원리를 끝까지 고수하고자 한 것은 효용을 근간으로 윤리와 도덕의 영역에서 제1원리를 세우고자 한 것이다. 이 같은 그의 입장은 또 다른 저서 〈자유론〉과의 관계에서도 드러난다.

밀은 〈자유론〉에서 자유가 결과와 상관없이 소중하다는 것을 여러 차례 강조한다. 자유가 곧 목적이라는 것이다. 그리고 공리주의에 대해서도 분명한 입장을 표명한다. '효용이 모든 윤리적 문제의 궁극적 기준이 된다고 생각'하는 것이다. 밀은 공리주의를 통해 제1원리를 확립할 수 있다고 믿었다. 그의 기준에 따르면, 자유의 기본 원칙은 공리주의를 통해 파생되는 제2원리의 성격을 띤다. 효용을 증대시키지 않는 자유란 의미가 없는 것이다. 밀에게는 자유도 효용을 증대시키는 시장 속 자유가 핵심이 된다. 그가 그토록 주장했던 자유는 사실 시장 속 엘리트가 효용을 한없이 증대시키기 위한 자유가 된다.

결국 밀의 공리주의는 '시장 속 자유'와 '시장 속 윤리'다. 바로 이 점이 밀의 공리주의가 갖는 의미이자 한계를 형성한다. 자본주의적 시장질서 내적인 질서를 확립하고 윤리체계를 확립하려 했다는 점은 높이 살 수 있다. 기존의 신분적 사회나 정치권력 중심의 사회에 대해 가지는 발전적이고 긍정적인 측면을 충분히 인정해야 하는 것이다. 그러나 모든 가치는 시대의 흐름에 따라 변화하게 마련이다. 밀이 속했던 당대의 현실에서 긍정적이던 것이 현재는 우리의 발목을 잡는 질곡이 되기도 한다. 밀은 인간의 도덕적이고 윤리적인 삶의 측면을 철저히 시장적 가치로 판단하길 요구했다. 결국에는 삶 그 자체를 시장적 효용이 지배하는 것으로 만들어버렸다. 현재 우리 사회가 당면하고 있는 모든 문제들의 근원에 시장의 논리가 삶의 전 영역을 지배하는 상황이 놓여 있다고 여기는 입장에서는 밀의 한계는 명확하다.

윤리는 경제 논리가 아니다. 경제 논리가 되어서도 안 된다. 윤리는 모든 사람들에게 공평해야 하고, 정의를 위해 효율성을 버릴 수도 있어야 한다. 개인이나 공동체의 이해타산의 장에서 벗어나 옳다고 생각되는 '어떤 것'을 추구해야 한다. 밀의 사상은 시장을 넘어서는 상상력을 제한함으로써 철저히 현재의 우리 삶을 시장에 가두는 결과를 초래했다.

🎖 실전 연습문제

[논제] 다음 제시문들에는 어떤 인물이나 사회제도 또는 인간의 행위 등에 대해 옳고 그름을 판단하는 기준들이 제시되어 있다. 먼저 제시문 (나)의 이에 대한 견해를 300자 이내로 요약하고 이러한 견해가 제시문 (가)의 대학생의 논리에 어떻게 드러나고 있는지를 설명하시오. 그리고 이 문제에 대한 제시문(나)의 주장을 평가하시오. (1,200~1,500자. 50점)

〈조건〉 제시문 (나)의 주장을 평가할 경우 우리 사회의 구체적인 사례를 하나 이상 반드시 들 것.

(가)

　　바로 옆에 있는 작은 테이블에는 전혀 본 적 없는 대학생과 젊은 장교가 자리 잡고 있었다. 그들은 당구를 치고 나서 막 차를 마시러 온 길이었다. 그때 대학생이 젊은 장교에게 14등관의 과부인 돈놀이꾼 노파 알료나 이바노브나의 이야기를 하고 그 주소를 가르쳐주는 소리가 들렸다. 대학생은 친구인 장교에게 노파에 대해 자세한 이야기를 하기 시작했다.

　　"참 대단한 노파야." 하고 그는 말했다. "그 노파에게 가면 언제라도 돈을 꿀 수 있거든. 유태인처럼 부자여서 한 번에 5천 루블이라도 꿀 수 있지만, 1루블짜리 전당도 받아

주지. 내 친구들은 거의 다 그 노파집에 드나든다네. 그런데 지독한 노파야….”

그리고 대학생은 그 노파가 얼마나 심술 사납고 변덕스러운지 말하기 시작했다. 기한이 하루만 지나도 물건을 처분하는 게 보통이고, 이자는 한 달에 5부 내지 7부씩 받는데다 물건의 반값도 안 되는 돈으로 전당을 잡는다는 등의 이야기였다. 대학생은 한바탕 지껄이고 나서 노파에게 리자베타라는 동생이 있는데 그 조그맣고 사나운 노파는 늘 동생을 때리며 적어도 다섯 자 여섯 자나 되는 리자베타를 갓난아이처럼 완전히 노예 취급하고 있다는 말을 했다.

라스콜리니코프는 그들의 이야기를 한 마디도 빼지 않고 들었고, 또 모든 것을 이해했다. 리자베타는 노파의 동생이며 나이는 35살이라는 것, 리자베타는 노파를 위해 밤낮으로 일을 하는데 집에서는 세탁부와 식모 노릇을 하고 밖에서는 남의 집 마루를 닦아주거나 삯바느질에서 번 돈을 모조리 노파에게 갖다 바친다는 것, 그리고 어떤 주문이나 청탁도 노파의 허락 없이 결코 받는 일이 없다는 것, 노파는 이미 유언장까지 준비하고 있는데 거기에 보면 노파는 돈을 모두 N현에 있는 어느 수도원에 죽은 뒤의 추도비로 기부하게 되어 있다는 것, 그리고 리자베타는 이런 사실을 잘 알고 있다는 것 등이었다.

“자네에게 할 이야기가 있네. 나는 그 송충이 같은 할

멈을 죽여버리고 돈을 모조리 빼앗는다 하더라도 조금도 양심의 가책을 받지 않으리라고 생각하네." 하고 대학생은 열을 내어 말했다.

　장교는 다시 큰 소리로 웃었다. 라스콜리니코프는 흠칫했다. '이거 정말 묘하게 들어맞는군!'

　"나는 자네에게 진지한 문제를 제공할까 하네." 대학생은 점점 더 열을 띠었다. "지금 내가 한 말은 물론 농담이지.

　그러나 자, 보게. 여기에 무의미하고 무가치한, 그리고 모든 사람에게 해가 되는 병든 노파가 있네. 뿐만 아니라 아무짝에도 쓸모가 없으며 자기 자신도 왜 살아가는지 모르고 있는 늙어빠진 노파일세. 알겠나?"

　"음, 알겠네." 열띤 목소리로 말하는 친구를 골똘히 바라보며 장교가 대답했다.

　"자 더 들어보게. 또 한편으로는 원조가 없기 때문에 공연히 시드는 젊고 신선한 힘이 있다. 수없이 도처에 있다. 노파의 돈만 있으면, 백 가지 천 가지의 훌륭한 사업과 계획을 하고, 또 부활할 수 있다. 그것으로 수백 수천의 생명이 올바른 길로 돌려질 수 있을 것이다. 빈곤, 부패, 멸망, 타락, 화류, 병원에서 수십의 가족이 구원될지 모른다. ― 그것은 모두 그 여자의 돈으로 할 수 있다. 그 여자를 죽여서 그 돈을 빼앗는다. 그리고 나서, 그 돈을 이용해서 전 인류에 대한 봉사, 공동 사업에 대한 봉사에 몸을 바친다. 어떻게 생각하나? 하나의 사소한 범죄는 수천의 적선으로 보상할 수 없을까? 단 하나의 생명에 의해서 수천의 생명이 부패와 타락으로부터 구원을 받는다. 하나의 죽음이 백 개의 생명과 바뀐다. ─ 이것은 간단한 산수 문제가 아닌가? 그 폐병쟁이며 우둔하고 간악한 노파의 생명이, 사회 일반의 저울에 달아 봐서 얼마만한 의의가 있다고 생각하나? 아니 바퀴벌레의 생명과 마찬가지인 노파의 생명이 아닌가? 아니 오히려 그만한 가치도 없지. 왜냐하면 노파는 유해하거든. 그것은 남의 생명을 좀먹고 있어. 요전에도 홧김에 리자베타의 손가락을 물어서 하마터면 끊을 뻔했지!"

"물론 살아 있을 가치가 없지." 장교는 말했다. "그러나 그게 자연의 법칙이 아닌가?"

"아니 여보게. 인간은 자연을 수정하고 지도하고 있지 않나. 그렇잖으면 편견 속에 빠져 죽지 않으면 안 될 것일세. 그렇지 않고서는 한 명의 위대한 인물도 나오지 않았을 것일세. 흔히 의무니, 양심이니 하지만 나는 의무나 양심에 대해서 말하고 싶지 않네. 그러나 우리는 그것을 어떻게 해석하고 있다고 생각하나? 잠깐, 나는 자네에게 또 하나의 문제를 내겠네, 좋겠나?"

"아니, 잠깐 기다리게. 먼저 내가 문제를 내겠네. 좋겠나?" / "좋아!"

"자넨 지금 열변을 토했지만. 어떤가, 자네는 자기 손으로 죽이려는가?"

"물론 아니지! 정의를 위해서 부르짖는 것일세!"

"그러나 내 생각으로는 자네 스스로 결행하지 않는다면, 정의가 무엇인가?"

라스콜리니코프는 이 이야기를 듣고 당황했다. 그의 뇌리에 똑같은 생각이 생긴 바로 이때, 어째서 특히 이런 이야기, 이런 의견을 듣게 되었을까? 또 그가 방금 노파한 테서 자기 생각의 싹을 품고 나온 이때, 무엇 때문에 노리고 있는 노파 이야기에 부딪혔을까? 왜 대학생은 자기가 생각한 그대로의 이야기를 했을까? … 그는 이러한 우연의 일치가 몹시 이상하게 느껴졌다. 이 싸구려 음식점에서의 이야기는 사건의 발견에 가장 커다란 영향을 주고 있었다. 마치 그 대화 속에 일종의 숙명, 일정의 계시라도 숨어 있는 듯이….

(나)

사법영역에서 요청되는 덕목 중에서 첫 번째 덕목인 불편부당은 정의의 의무다. 부분적으로는 아까 언급했었지만 그것이 정의의 다른 의무들을 충족시키기 위해서 꼭 필요한 조건이기 때문이다. 하지만 이것만이 평등과 불편부당이라는, 일반 대중들의 평가와 가장 계몽된 사람들의 평가 둘 다에서 정의의 계율 가운데 포함되는 그런 격률이 인간의 의무 가운데 높은 층을 차지하는 유일한 원천은 아니다. 한 측면에서 보면, 그런 격률들은 이미 주장되었던 원리들로부터 당연히 추론된 결과로 여겨진다. 만약 악은 악으로 누르고 선에는 선으로 보상하면서, 응당 자신이 받아야 하는 공과에 따라서 행하는 것이 의무라면, 우리로부터 평등하게 대우받을 자격이 있는 모든 사람들에게는 (더욱 높은 차원의 의무가 금지하지 않는 한) 우리도 똑같이 그들을 평등하게 잘 대우해 주어야 하고 또 사회로부터 평등하게 대우받을 자격이 있는, 즉 절대적으로 평등하게 대우받을 자격이 있는 모든 사람에 대해서는 응당 우리 사회도 평등하게 대우해 주어야만 한다는 결론이 자연스럽게 도출된다. 이것이야말로 사회적 분배 정의의 가장 추상적인 규준이다. 그리고 이 기준에 최대한 맞출 수 있도록 모든 사회제도가 만들어져야 하며 덕을 갖춘 모든 시민들은 노력해야 한다. 하지만 이 위대한 도덕적 의무는, 도덕의 첫째 원칙으로부터 직접적으로 도출되는 도덕적 의무로서, 훨씬 더 심오한 기초 토대에 바탕을 두고 있지, 부차적인 혹은 파생적인 교의로부터 단순하게 논리적으로 추론하여 생겨난 것이 아니다. 그것은 공리 혹은 '최대 행복의 원리'의 본질적인 의미와 연결되어 있다. (종류를 적절하게 참작함으로써) 정도에서 동일한 것으로 간주되는 한 개인의 행복이 정확하게 타인의 그것과 똑같이 취급되지 않는다면, 아무런 이성적 의미가 없는 하나의 단어 형태에 지나지 않는 것이다. '모든 사람은 한 사람으로 취급되어야 하며, 어떤 사람도 한 사람 이상으로 취급되어서는 안 된다'는 벤덤의 원칙이 공리의 원칙을 뒷받침해 줄 수 있을 것이다. 도덕학자나 입법자가 판단할 때 행복에 대한 모든 사람의 평등한 권리는 행복에 도달할 수 있는 모든 수단에 대한 평등한 권리를 포함한다. 물론 인간 삶의 불가피한 조건이나, 모든 개인들의 이익이 포함되는 일반 이익이 그 격률의 한계를 설정한 경우는 제외된다. 하지만 그러한 한계는 엄격하게 설정되어야만 한다. 다른 모든 정의의 격률과 마찬가지로 이 (행복권에 대한) 원칙 또한 결코 보편적으로 무조건적으로 적용될 수는 없다. 오히려, 이미 필자가 언급한 바와 같이, 그것은 사회적 편의에 관한 모든 사람들의 생각에 따라 여러 제약이 따른다. 하지만 어떤 경우든 적어도 일단 원칙이 적용된다면, 그것은 정의의 이름으로 지시하는 것으로 보아야 한다. 일부 공인된 사회적 편의를 위해서 불가피하다고 생각되는 경우를 제외한다면, 모든 사람들은 평등하게 대우받을 권리를 가지고 있는 것으로 간주된다. 그러므로 더 이상 편의로 간주되지 않는(즉 더 이상 사회적으로 도움을 준다고 생각되지 않는) 모든 사회적 불평등은 단순히 도움이 되지 않는다는 차원을 넘어 불의라고 규정되어야 한다. 그것은 너무나 전제적인 것으로 보여 사람들은 지금까지 그런 것을 어떻게 참

아왔는지를 의아해한다. 그러나 사실은 그들 역시 사회적 편의에 대한 잘못된 개념 하에 다른 불평등에 대해 눈을 감고 지내왔다는 것을 잊고 있다. 그래서 그런 잘못을 바로잡고 나면 자신들이 그동안 용인한 것이 그들이 마침내 혹독하게 비난하게 된 것만큼 끔찍한 것으로 보인다. 사회 진보의 전 역사는 변환의 연속이었으며, 그러한 변환에 의해 사회의 관습이나 제도가 하나씩 차례로 사회의 존재를 위해서 가장 필요하다고 간주되었던 것으로부터 보편적으로 비난받는 불의나 압제의 지위로 전락했다. 자유인과 노예, 귀족과 농노, 귀족과 평민의 구별이 그랬다. 그리고 부분적으로는 이미 그러하지만, 피부색, 인종, 성별에 따라 신분의 차이가 매겨지는 것 또한 그러한 변화를 겪게 될 것이다.

지금까지 살펴본 바에 따르면 정의는 특정한 도덕적 요청의 이름이며, 그리고 총괄적으로 보아 사회적 공리의 크기에서 더 높은 위치에 있고 어떤 다른 의무보다도 중요한 의무로 보인다. 비록 특정한 경우에는 다른 사회적 의무가 너무도 중요하여 정의의 일반적인 교의 중 하나를 압도해 버리는 경우가 있을 수도 있기는 하지만 말이다. 그러므로 어떤 사람의 목숨을 구하기 위하여 필요한 음식 혹은 약품을 힘으로 빼앗거나 훔치는 것 또는 전문능력이 있는 유일한 의사를 납치하거나 강요하여 환자를 돌보게 하는 것은 용인될 수 있을 뿐만 아니라 오히려 그렇게 하는 것이 사람의 도리다. 그런 경우에 덕이 아닌 것은 어떤 것도 결코 정의라고 말할 수 없으므로 우리는 보통 "정의가 어떤 다른 도덕원칙에 밀려나야만 한다"고 말하지 않고, "일상적인 경우에 정의로운 것이라도, 다른 원칙에 의하여, 특별한 경우에는 불의가 된다"고 말한다. 이와 같은 언어의 유용한 변용으로, 정의가 어떤 경우에도 포기되어서는 안 된다는 명제를 유지하면서도, 우리는 건전한 불의가 있을 수 있다고 주장해야 하는 필요로부터 벗어나게 된다.

〈2007 대입 고려대 논술 수시 1〉

(가)

정의란 무엇인가? 서양 철학에서 정의는 아리스토텔레스 이래 평등의 문제를 중심으로 논의되어 왔다. 정의가 무엇인지에 대한 논의는 오랫동안 계속되어 왔음에도 불구하고 이 문제에 대한 합의는 아직도 형식적 수준을 넘어서지 못하고 있다.

'각자에게 그의 몫을 주는 것'이 정의라는 주장이 일찍부터 폭넓은 공감을 얻어왔다. 그러나 각자의 몫이 무엇인지 밝히지 않은 채 단지 한 각자에게 그의 몫을 주라는 요청만으로는 정의의 내용이 구체화될 수 없다. 예컨대, 회사 사장의 몫과 같은 회사 경비원의 몫은 각기 무엇인가? 이를 어떤 기준에 의해 구체적으로 판단할 수 있는가?

오늘날 정의에 관한 다양한 견해들은 이런 문제에 대한 입장의 차이에서 비롯된 것이다. 혹자는 힘이 곧 정의라고 주장한다. 그에게 정의란 힘의 지배를 정당화하는 이데올로기에 불과하다. 하지만 정의를 사회질서의 가장 중요한 가치로 믿는 사람들은 정당한 몫의 기준을 다른 시각에서 바라본다. 예를 들면 사회적 효율성의 관점에서 정의를 이해하는 견해가 있는가 하면, 효율성보다 중요한 가치가 있다는 견해도 있다.

(나)

사회제도가 아직 형성되지 않은 가상의 집단이 있다. 이 집단의 구성원들은 자신들의 집단에 적용할 사회제도를 합의를 통해 결정하려고 한다. 선택될 수 있는 사회제도는 (ㄱ), (ㄴ), (ㄷ)의 세 가지이다. 어떤 사회제도가 실현되든 각 구성원은 동등한 자유와 공정한 기회를 보장받지만, 사회 경제적인 면에서 A, B, C라는 서로 다른 계층 중 하나에 속한다. 각 구성원이 사회 경제적인 면에서 갖게 될 '행복'의 정도는 그가 속한 계층에 따라 결정된다. 이 행복의 정도를 수치로 표현하여 '행복지수'라고 부르기로 한다. 각 사회제도가 실현될 경우 각 구성원이 얻게 되는 행복지수는 다음 표와 같다.

계층 사회제도	A	B	C
(ㄱ)	6	9	12
(ㄴ)	11	0	25
(ㄷ)	5	5	5

사회제도를 결정하는 과정에서 각 구성원은 행복지수를 가능한 한 가장 크게 하는 것을 목표로 한다. 어떤 사회제도가 선택되기 이전에 각 구성원은 A, B, C의 계층이 가져다줄 행복지수를 알고 있다. 그러나 각 구성원은 자신이 어떤 능력을 갖고 있는지, 어느 계층에 속하게 될지는 모른다.

(다)

진리가 사상 체계의 으뜸 덕목이라면 정의는 사회제도의 으뜸 덕목이다. 아무리 잘 만든 이론이라도 진리가 아니라면 물리치거나 고쳐야 한다. 그와 마찬가지로 아무리 쓸모 있고 번듯한 제도라도 정의롭지 못하다면 다시 짜거나 버려야 한다. 사회 전체의 복지를 도모한다는 빌미로 정의를 어길 수 없다. 개인은 정의에 의해 온전히 보호되어야 한다. 정의는 다수의 이익을 위해 소수에게 희생을 짊어지우는 것을 용납하지 않는다. 따라서 동등한 시민적 자유가 이미 자리 잡은 사회는 정의롭다고 간주된다. 그 사회에서는 정치적 거래나 사회적인 이해타산이 정의가 수호하는 권리들을 좌우하지 않기 때문이다.

일반적인 정의관에 따르면 불평등한 분배가 모든 사람에게 이익을 가져오지 못한다면 분배는 평등하게 이루어져야 한다. 다시 말해 불평등이 모든 사람의 이익이 된다면 그 불평등은 허용되어야 한다는 것이다. 일반적인 정의관에서 적어도 이론상으로는 사람들이 자유를 어느 정도 포기하는 대신 사회 경제적으로 충분히 보상 받는 것이 가능하다고 생각할 수 있다. 그러나 일반적인 정의관은 불평등이 허용될 수 있는 정도와 그 세세한 내용들에 대해 아무런 제한을 두지 않는다. 단지 모든 사람의 이익을 주장할 따름이다. 일반적인 정의관의 문제점은 노예제도마저 찬성하는 극단적인 예에서 선명하게 드러난다. 경제적 이익은 월등한데 정치적 권리 행사가 정책에 미치는 영향력이 보잘것없다고 하여 사람들이 정치적 권리를 포기하는 사태도 있다. 따라서 일반적인 정의관을 고치고 다듬는 방향으로 정의의 원칙을 수립해야 한다. 그 원칙에서는 기본적 자유를 사회 경제적 이익과 교환하는 것을 배제해야 마땅하다.

정의의 원칙은 기본적 자유 다음으로 사회 경제적 분배의 문제를 고려한다. 사회 경제적 분배가 문제일 경우 사회계층들 사이에 현실적으로 존재하는 차이를 도외시하기는 어렵다. 예를 들어 자본주의 국가에서 기업가 계층의 일원으로 출발하는 사람은 미숙련 노동자 계층의 일원으로 출발하는 사람보다 훨씬 나은 미래를 기대할 것이다. 사회에 현존하는 부정의가 모두 말소된 상태가 되더라도 삶의 전망의 차이가 두 계층 사이에 여전히 존재할 것이다. 그렇다면 미래의 삶의 전망에서 나타날 불평등을 정당화하는 것은 무엇인가? 정의의 원칙은 미숙련 노동자와 같이 열악한 처지에 있는 사람이 미래의 삶의 전망에서 이익을 얻을 수 있는 경우에 불평등을 인정한다. 삶의 전망에서 나타나는 불평등은, 그 불평등을 줄일 때 사회적 약자의 처지가 더욱 악화될 경우에만 허용될 수 있다.

(라)

정의는 옳고 그름의 문제이다. 그렇다면 무엇이 옳고 무엇이 그른가? 최대 행복의 원리를 도덕의 기초로 삼는 공리주의에 따르면 모든 행위는 행복의 증진에 기여하는 만큼 옳고, 그 반대에 기여하는 만큼 그르다. 여기서 행복은 고통이 없는 쾌락의 상태를 의미하고 불행은 쾌락이 없는 고통의 상태를 의미한다. 결국 옳음과 그름, 정의로움과 정의롭지 않음을 구별하는 기준은 사람들이 실제로 소망하는 것, 즉 행복뿐이다.

그런데 공리주의는 행위자 자신만의 행복이 아니라 관계된 모든 사람의 행복을 요구한다. 공리주의의 기준도 행위자 자신의 최대 행복이 아니라 전체의 최대 행복이다. 공리주의 도덕은 인간이 다른 사람의 선을 위해 기꺼이 자신의 최대 선까지도 희생할 수 있고 그 희생이야 말로 인간이 이룰 수 있는 최고의 덕이라고 생각한다. 다만 희생 그 자체가 선이라고 주장하지는 않는다. 행복의 증대에 기여할 수 없는 희생은 아무런 쓸모가 없기 때문이다.

공리주의가 인정하는 자기포기는 단 하나뿐이다. 그것은 전체의 행복의 총량을 증대시키기 위해 자기 자신의 행복을 포기하는 것이다. 따라서 공리주의는 사람들에게 가능한 한 덕을 사랑하는 마음을 길러서 사회 전체의 행복을 증진하라고 요구한다. 개인의 욕구는 사회 전체의 행복을 침해하지 않는 한에서 용인된다. 그러나 개인의 행복과 다른 사람들의 행복이 충돌할 경우 공리주의는, 개인에게 마치 불편부당한 제삼자처럼 됨으로써 자신의 행복보다 전체의 행복을 먼저 생각하라고 한다.

이 같은 요구는 다소 가혹해 보일지도 모른다. 그러나 이는 "누구나 한 사람으로 간주되어야 하고, 누구도 한 사람 이상으로 간주되어서는 안 된다"는 공리주의의 금언과 개개인이 아니라 전체의 행복의 총량만이 도덕의 기준이라는 전제를 수용한다면 피할 수 없는 결론이다.

(마)

선진국에서 개발되는 신약들은 장기간의 연구와 천문학적인 비용의 투자를 필요로 하고 있다. 임상 실험의 마지막 단계는 비용의 효율적인 절감을 이유로 개발도상국 국민을 대상으로 진행되는 경우가 많은데 이때 위약(僞藥)의 투여나 국제 협약의 무시 등 비도덕적인 행위가 나타나기도 한다. 그러나 이렇게 개발된 신약이 개발도상국에서 판매될 때에는 선진국 수준의 비싼 가격으로 책정되기 때문에 정작 개발도상국 국민들은 실제적인 혜택을 거의 받지 못하고 있다.

세계무역기구의 무역 관련 지적 재산권 협정 제31조는 국가 비상사태, 극도의 긴급 상황 또는 공공의 비상업적 사용을 전제로 특허권자의 동의 없이 특허 대상의 생산 및 사용을 허용하고 있다. 이 규정에 기초하여 개발도상국 정부 또는 정부의 승인을 받은 제삼자(제약 회사)는 특허에 의해 보호되는 신약을 특허권자의 동의 없이 생산 판매할 수 있다. 그래서 개발도상국에서는 강제실시권을 발동하고 복제 약을 만들어 가난한 사람들이 혜택을 받을 수 있게 하기도 한다. 이때 개발도상국 정부는 자국에서 복제 약을 개발할 수 있는지의 여부와 예상 가격을 알아보고 다국적 기업과 다시 가격 협상을 한 다음에 강제실시권의 발동 여부를 결정할 수도 있다.

다음은 어느 개발도상국에서 전염병이 발생했을 때 그에 대한 대처 상황을 가정해 본 것이다. 전염병은 두 도시 A

와 B의 도심에서 동시에 발생하여 모든 방향으로 일정한 속도로 확산되고 있다. A도시는 B도시에 비해 상대적으로 빈곤층이 많고 인구밀도가 높다. 한 다국적 제약회사에서 개발한 신약을 이용하면 이 전염병 환자의 80%가 치료된다. 하지만 신약의 값이 비싸기 때문에 그 개발도상국에서는 강제실시권을 발동하여 치료율은 30%로 낮지만 가격이 싼 복제약을 공급하려고 한다. 이를 위해 A와 B도시 사람들의 신약과 복제 약 구매 가능성을 조사해서 다음의 결과를 얻었다.

〈자료 1〉 도시별 환자 집단의 구매력 현황

	신약을 살 수 있는 환자	어느 약도 살 수 없는 환자
A도시	10%	10%
B도시	50%	0%

* 구매력이 있는 경우 신약을 산다.

그런데 다국적 제약회사는, 복제 약의 가격을 높게 책정하면 신약의 가격을 낮추겠다는 조건으로 협상을 제안하면서 협상안 수용시 예상되는 상황에 대하여 다음의 자료를 제시하였다.

〈자료 2〉 도시별 환자 집단의 구매력 예상

	신약을 살 수 있는 환자	어느 약도 살 수 없는 환자
A도시	20%	30%
B도시	70%	0%

* 구매력이 있는 경우 신약을 산다.

1. 위 제시문들은 정의와 효율성에 관한 것이다. (다)의 요지를 밝히고(200자 이내), (라)의 관점에서 (다)의 견해를 비판하고, 모든 제시문을 참고하여 정의와 효율성에 관한 자신의 생각을 논술하시오.(60점)

2. (나)에서, 모든 구성원이 A, B, C 각 계층의 구성원 수가 동일할 것이라고 알고 있다면, 구성원들이 (다)의 정의관을 가질 때와 (라)의 정의관을 가질 때 각각 선택하게 될 사회제도가 어느 것일지 밝히고 그 논거를 제시하시오. 또 만일 A, B, C 각 계층을 이루는 구성원 수의 비율이 1:1:2이고 모든 구성원들이 그 비율을 알고 있다면, 그들이 (다)의 정의관에 따라 선택할 사회제도가 어느 것일지 논술하시오. (15점)

3. (마)에서, 개발도상국 정부는 치료되는 환자 수를 기준으로 삼아 협상안 수용 여부를 결정하려고 한다. 정부가 (라)의 관점을 취할 경우 어떤 결론에 이르게 되는가에 대하여 논술하시오.(15점)

4. 위 제시문들을 활용하여 논제 3에서 나타나는 사회적 불평등을 개선하기 위한 방안을 논술하시오.(10점)

미국에서 1억부 이상 판매된 기적의 논술가이드
클리프노트가 한국에 상륙했다!!

방대한 고전을 하루만에 독파하는 스피드
다락원 명작노트 CliffsNotes™ 시리즈는

▶ 미국대학위원회, 서울대, 연·고대 추천 고전을 알기 쉽게 재구성한 대한민국 대표 논술교과서
입니다. ▶ 작품의 핵심내용과 사상, 역사적 배경, 심볼, 작가의 의도 등을 명확하게 정리하여 방대한 원
작을 쉽고 빠르게 이해할 수 있게 해줍니다. ▶ 미국에서 리포트, 논술용으로 1억 부 이상 팔린 초베스트
셀러의 명성에 비평적 사고와 논리적 글쓰기의 모델을 제시하는 〈一以貫之〉의 논술 노트를 통해 사고 능력,
읽기 능력, 쓰기 능력을 체계적으로 길러줍니다.

★ 〈一以貫之〉 논술연구모임: 대입 논술이 시작될 때부터 학원과 학교에서 논술을 가르쳐온 전문가들의 모임입
니다. 현재 서울·분당·평촌·인천·광주·부산·울산 등의 유명 학원과 고등학교의 논술강의 현장에서 학생들이
'자신의 물음'과 '자신의 생각'을 갖고 '자신의 글'을 쓸 수 있도록 도와주고 있습니다.

다락원 명작노트 CliffsNotes™ 시리즈 50권 출간

작가 노트 | 작가에 대해 꼭 알아야 할 배경지식이 담겨 있습니다.

작품 노트 | 작품의 개요, 전체 줄거리, 등장인물 등 작품 전반을 이해하는 데 필수적인 부분을 실어 놓았습니다.

Chapter별 정리 노트 | 각 장의 '줄거리'와 '풀어보기'가 들어 있습니다. '줄거리'에서는 원작의 내용을 명쾌하게 파악할 수 있습니다. '풀어보기'에서는 원작에 담긴 문학적 경향, 주제, 상징 등을 다루었습니다.

인물분석 노트 | 등장인물에 대한 보다 면밀한 분석이 들어 있습니다.

마무리 노트 | 작품의 주제 등 보다 넓은 시각에서 작품을 볼 수 있도록 도와줍니다.

Review | 작품 이해도를 묻는 질문 코너입니다. 다양한 질문에 답하다 보면 작품에 대한 포괄적이고 의미 있는 파악이 가능해집니다.

一以貫之 논술 노트 | 권말에는 일이관지 논술연구모임에서 작성한 해당 작품과 관련한 논술 노트가 실려 있습니다. 원작을 우리의 삶과 연계시켜 비판적 사고와 논리적 글쓰기의 방향을 제시합니다.

실전 연습문제 | 해당 작품을 바탕으로 출제 가능성이 높은 논점을 함께 숙고해 봅니다.

★ 변형 국판 · 각권 8,500원

영어 독해력 증강 프로그램

행복한 **명작 읽기**

〈행복한 명작 읽기〉는 기초가 약한 영어 초급자나 초, 중, 고 학생들이 보다 즐겁고 효과적으로 명작들을 읽으며 독해력을 키울 수 있도록 개발된 독해력 증강 프로그램입니다.

국판 | Grade 1, 2, 3 각권 6,000원(오디오 CD 1개 포함)
Grade 4, 5 각권 7,000원(오디오 CD 1개포함)
*어린왕자 8,000원(오디오 CD 2개 포함)
**고도를 기다리며 9,000원(오디오 CD 2개 포함)

책의 특징

1 골라 읽는 재미가 있다. 초보자를 위한 350단어 수준에서 중고급자를 위한 1,000단어 수준까지 5단계 구성.
2 단계별로 효과적인 영어 읽기 요령과 영문 고유의 참맛을 느낄 수 있는 장치가 곳곳에.
3 읽기만 해도 영어의 키가 쑥쑥 - 해석을 돕는 돼지꼬리(↗), 영어표현 및 문법 설명, 퀴즈가 왕창.
4 체계적인 듣기 학습까지. 전문 미국 성우들의 생동감 넘치는 원음을 담은 오디오 CD 제공.

Grade 1 Beginner	**Grade 2** Elementary	**Grade 3** Pre-intermediate	**Grade 4** intermediate	**Grade 5** Upper-intermediate
350words	**450**words	**600**words	**800**words	**1000**words
1 미녀와 야수	11 이솝 이야기	21 톨스토이 단편선	31 오페라 이야기	41 센스 앤 센서빌리티
2 인어공주	12 큰 바위 얼굴	22 크리스마스 캐럴	32 오페라의 유령	42 노인과 바다
3 크리스마스 이야기	13 빨간머리 앤	23 비밀의 화원	33 어린 왕자*	43 위대한 유산
4 성냥팔이 소녀 외	14 플랜더스의 개	24 헬렌 켈러, 나의 이야기	34 돈키호테	44 셜록 홈즈 베스트
5 성경 이야기 1	15 키다리 아저씨	25 베니스의 상인	35 안네의 일기	45 포 단편선
6 신데렐라	16 성경 이야기 2	26 오즈의 마법사	36 고도를 기다리며**	46 드라큘라
7 정글북	17 피터팬	27 이상한 나라의 앨리스	37 투명인간	47 로미오와 줄리엣
8 하이디	18 행복한 왕자 외	28 로빈 후드	38 오 헨리 단편선	48 주홍글씨
9 아라비안 나이트	19 몬테크리스토 백작	29 80일 간의 세계 일주	39 레 미제라블	49 안나 카레니나
10 톰 아저씨의 오두막	20 별	마지막 수업	30 작은 아씨들	40 그리스 로마 신화	50 나에겐 꿈이 있습니다 -명연설문 모음

쉬운 영문을 통해 영어 독해에 대한 막연한 두려움을 없앤다

왕초보 기초다지기

실력에 맞게 효과적으로 끊어 읽으며 직독직해 훈련을 한다.

실력 굳히기

영문판 원서 도전을 위한 전 단계의 준비과정이다.

영어의 맛
제대로 느끼기